DIE HEILKRAFT DER STILLE

Gewidmet
meiner Tochter
SASKIA

Felix Aeschbacher

DIE HEILKRAFT DER STILLE

REICHL VERLAG
DER LEUCHTER
ST. GOAR

Umschlaggestaltung: Christian Wiegand,
Alfter-Gielsdorf

1.–3. Tsd.

Gedruckt auf säurefreiem, alterungsbeständigem Papier
Gesamtherstellung: Clausen & Bosse, Leck

ISBN 3-87667-179-5

INHALTSVERZEICHNIS

Der Schweigende betritt jene Leiter,
die ihn über sich selbst hinausführt –

von der schicksalsblinden
Ich-Persönlichkeit
zur Weisheit seiner tiefinneren
Individualität:
sein unteilbares und unverwesliches

göttliches Selbst

Fra Tiberianus

ZUR EINFÜHRUNG

Unsere heutige Zeit ist laut und disharmonisch. Wir alle sind fast ständig einer Informationsflut, Hektik, Betriebsamkeit und einem oft schon quälenden Lärmpegel ausgesetzt, auch wenn wir es bewußt kaum noch wahrnehmen. Und selbst in unserer Freizeit können oder wollen wir der 'action' nicht entfliehen. Die Stunden, in denen wir frei sind von Arbeit und Pflichten, sind heute in den meisten Fällen doch wirklich alles andere als „Mußestunden" – wir suchen dann meist Gelegenheiten, bei denen wir „unterhalten" werden, oder wir treffen in lauten Restaurants mit Leuten zusammen, mit denen wir manchmal stundenlang belanglose Sätze austauschen; und jede Pause, die sich im Gespräch ergibt, jeden stillen Moment empfinden wir als unangenehm, als peinlich.

Beinahe sind wir schon so weit, daß wir Stille gar nicht mehr aushalten können und morgens nach dem Aufstehen als erstes das Radio anstellen, um dem morgendlichen Schweigen zu entfliehen.

Sehr viele Menschen allerdings spüren heute, daß etwas mit ihnen, mit ihrem Leben nicht „in Ordnung" ist. Sie leiden unter dem Mangel an innerer Harmonie, an dem Bewußtsein, nicht richtig zu leben, an einer – meist diffusen – Sehnsucht nach mehr Sinnhaftigkeit, nach innerer Stärke und Festigkeit.

Wir alle möchten „heil" werden – im wahrsten Sinne des Wortes: „ganz" sein.

Und die meisten Menschen sind auch bereit, recht viel für ihren Körper und ihre Seele zu t u n. Sie treiben Sport, ernähren sich gesund, lesen Bücher über die 'richtige' Lebensweise, „erledigen" therapeutische Workshops etc. Dabei vergessen sie häufig, daß es im Trubel unserer Zeit nicht so sehr darum geht, etwas Bestimmtes zu tun, sondern grundlegend ist vielmehr, es zu lassen – sich der eigenen Mitte zu überlassen.

Hierfür ist es nicht notwendig, nach Indien zu fahren oder sein Leben vollständig zu ändern und der Meditation zu weihen. Wichtig ist, daß wir versuchen, unsere ständige Betriebsamkeit, unsere Jagd nach Erfolg und Glück, unsere dauernden Grübeleien und rasenden Gedanken zur Ruhe zu bringen.

Mit all dem schöpfen wir nur einen Bruchteil unserer Möglichkeiten, unserer Energien aus. Die höhere geistige Wirklichkeit liegt nicht irgendwo über uns, nicht außerhalb von uns. Und wir müssen daher auch keine nach außen gerichteten Anstrengungen unternehmen, um dorthin zu gelangen. Sie liegt in uns selbst.

In uns selbst finden wir alles, nach dem wir uns sehnen.

Um aber in Kontakt zu kommen mit unserem wahren inneren Selbst, müssen wir die Stille suchen, müssen wir lernen zu schweigen, das Ego nicht so schrecklich wichtig zu nehmen – alle unsere Empfindlichkeiten, unsere Abhängigkeit von der Meinung anderer, unsere Überbewertung alles äußeren Tuns.

Dieses Buch soll Ihnen dabei helfen, diesen Weg zu beschreiten – den Weg zu innerem Frieden, zur Wahrnehmung des eigenen vollendeten inneren Wesens.

Genauso allerdings, wie wir zum Beispiel die Ausdrükke Wut oder Freude nicht wirklich verstehen können, wenn wir sie nur lesen oder hören und nie selbst erlebt haben, so können wir uns auch den Zustand innerer Ruhe und vollkommener Harmonie nicht vorstellen, ohne ihn selbst erfahren zu haben. Deshalb können Sie auch von diesem Buch nur profitieren, wenn Sie das Schweigen wirklich „ausprobieren", in Ihr Leben einbeziehen und sich zur Gewohnheit machen.

Nun ist natürlich schon klargeworden, daß 'Schweigen' in unserem Sinne nicht einfach 'nichts sagen' bedeuten kann. Letztens hörte ich ein Interview mit einem Manager, der sich damit brüstete, pro Woche einen Schweigetag einzulegen. Wie sich im weiteren Gespräch jedoch herausstellte, geht er an diesem Tag ins Kino, spielt Schach, erledigt manchmal auch liegengebliebene Korrespondenz... Irgendetwas hat dieser Mann wohl falsch verstanden – nun, selbstverständlich fassen wir den Begriff des Schweigens weiter: Stille der Gedanken und Gefühle, Loslassen des Alltags, Horchen auf das Eigentliche, das Göttliche in uns.

„Ehe die Seele hören kann, muß man taub geworden sein für alles, was von außen an das Ohr dringt. Erst dann wird sie mit dem schweigenden Sprecher im Innern eins und vernimmt die Stimme der Stille." (K. O. Schmidt)

Indem wir still werden, öffnen wir uns für das wahre Leben, schaffen wir erst die Voraussetzung für wirkliche Erkenntnis, für Inspiration und Intuition.

„Dieses dynamische Schweigen ist es, in dem in Urgründen der Seele intuitiv-schöpferische Geistkräfte erwachen und emporsteigen – stärker als alle materiellen Mächte: die Gotteskräfte der stillen Ewigkeit.

Die Schweigenden sind die fruchtbarsten Menschen, weil alle großen Gedanken aus der Stille geboren werden.

Wer schweigen kann, wird müheloser, gelassener und produktiver schaffen und in der gleichen Zeit Besseres und Grösseres vollbringen als die ruhelos Geschäftigen."
(K. O. Schmidt)

Und einmal nur am Tage
ein Weilchen stille sein,
und einmal nur am Tage
mit deinem Gott allein.
Das löst dir manche Frage,
das hindert manches Leid;
dies Weilchen an dem Tage
hilft dir zur Ewigkeit.

Gott, lehre mich schweigen,
wenn ich reden möchte,
lehre mich neigen,
wo ich mich bäumen möchte,
lehre mich zeigen,
daß ich nur lieben will,
auch wenn ich leiden muß.

Romano Guardini

ERSTE EIGENE ERFAHRUNGEN

Bevor Sie nun im weiteren den Gedankengängen des Buches folgen, möchten wir Sie gleich zu eigenen Erfahrungen ermutigen. Auf den folgenden Seiten finden Sie eine Auswahl an Zitaten, die sich in besonderer Weise zur Kontemplation, zur Verinnerlichung und Versenkung eignen. Nehmen Sie sich möglichst bald einmal die Zeit für eine wundervolle Erfahrung – entziehen Sie sich für eine Weile dem Alltagsgetriebe, seien Sie im wahrsten Sinne des Wortes unerreichbar für alles Äußere, ergreifen Sie die Möglichkeit, einmal „auszusteigen". Die Texte der nächsten Seiten sollen Ihnen dabei helfen.

Ziehen Sie sich in einen ruhigen Raum zurück, oder besser noch: Gehen Sie hinaus in die Natur – vielleicht haben Sie einen Lieblingsplatz an einem Bach oder im Wald. Nehmen Sie ihre Umgebung wahr; spüren Sie die wohltuende Wirkung der Naturgeräusche – des Vogelgezwitschers, des Insektensummens, des Wasserrauschens etc. Vergangenheit und Zukunft versinken, es zählt nur noch das Hier und Jetzt.

Und nun nehmen Sie sich eines der Zitate vor, das Sie anspricht, und versuchen Sie, sich mit Ihrem ganzen Wesen in die Gedanken zu versenken. Lassen Sie die Worte einfach wirken, gehen Sie ganz tief hinein.

Beginnen Sie aber nur nicht nachzugrübeln; der Verstand spielt hier gar keine Rolle. Überlassen Sie sich den Worten, streifen Sie den Alltag vollkommen ab. Sollten sich doch störende Gedanken und Grübeleien „einschleichen", so werden Sie nicht ungeduldig mit sich, versuchen Sie nicht, diese mit Gewalt zu unterdrücken. Sehen Sie sich solch einen Gedanken kurz an, lassen Sie ihn dann weiterziehen und wenden Sie sich wieder „Ihrem" Spruch zu.

Sie werden sehen, welch kräftigende, harmonisierende Wirkung solche Augenblicke der Stille schon nach wenigen Versuchen haben können.

Eine allzu hohe Erwartungshaltung allerdings kann diese Wirkung sehr abschwächen, wenn nicht sogar ganz und gar verhindern. Daher ist es von großer Bedeutung, daß Sie zu Anfang nicht zuviel erwarten – nehmen Sie die Minuten des Schweigens so an, wie sie sich ergeben. Überlassen Sie sich einfach der Situation, ohne viel zu wollen, und vor allem, ohne etwas erzwingen zu wollen. Dann werden diese Augenblicke für Sie zu einer Quelle der Kraft und Harmonie werden.

Jetzt gleich, JETZT,
das ist die einzige Wirklichkeit,
die wir kennen,
die einzige, die wirkt.

Prentice Mulford

Tief in jeder Menschenseele liegt ein kleiner glimmender Funke – er heißt Güte. Wehe dem, der den Funken auslöscht! Wohl dem, der ihn zur klaren Flamme werden läßt, an deren Schein Irrende heimfinden und zitternde Hände wieder warm werden, daß sie beten und segnen können. Gott wird es dem treuen Zeugen lohnen mit dem ewigen Lichte, daß seinen trunkenen Augen einst leuchtet.

J. Klug

Wie vieles gibt es doch,
was ich nicht nötig habe.

Sokrates

Je mehr du im Innersten
gesammelt und gelassen bist,
desto erfolgreicher kannst du
dein Äußeres hergeben
und Höchstes leisten.

K. O. Schmidt

Der Anfang und das Ende,
o Herr, sind Dein.
Die Spanne dazwischen,
das Leben, ist mein.
Lass mich die Schale sein
Deines Lichtes,
geformt von Dir,
gefüllt von mir,
strahlend in Dir.

E. Kawa

Eine Stelle in der Welt,
ein winziges Teilchen wenigstens,
können wir verändern:
das ist das eigene Herz.

R. Schneider

Liebe ist die Kraft.
Wer liebt,
ist immer der Stärkere;
und wer das Leben liebt,
ist unbesiegbar.

Prentice Mulford

Welch größere Wohltat kann man einem suchenden Menschen erweisen, als daß man ihm zu seinem eigenen „Ich" den Weg finden läßt.

Immanuel Kant

Der Mensch ist so geneigt, sich mit dem Gemeinsten abzugeben; Geist und Sinn stumpfen sich so leicht gegen die Eindrücke des Schönen und Vollkommenen ab, daß man die Fähigkeit, es zu empfinden, bei sich auf alle Fälle erhalten sollte. Denn einen solchen Genuß kann niemand ganz entbehren, und nur die Ungewohntheit, etwas Gutes zu genießen, ist die Ursache, daß viele Menschen schon am Albernen und Abgeschmackten, wenn es nur neu ist, Vergnügen finden. Man müßte alle Tage wenigstens ein kleines Lied hören, ein gutes Gedicht lesen, ein treffliches Gemälde sehen, und wenn es möglich zu machen wäre, einige vernünftige Worte sprechen.

Johann Wolfgang von Goethe

Du aber, wenn du betest, gehe in dein Kämmerlein und schließ die Tür zu und bete zu deinem Vater im Verborgenenen.

Richtet nicht, auf daß ihr nicht gerichtet werdet.

Das Auge ist des Leibes Licht. Wenn dein Auge einfaltig ist, so wird dein ganzer Leib Licht sein;
ist aber dein Auge ein Schalk, so wird dein ganzer Leib finster sein. Wenn nun das Licht, das in dir ist, finster ist, wie groß wird dann die Finsternis sein!

Sorget nicht für euer Leben, was ihr essen und trinken werdet; auch nicht für euren Leib, was ihr anziehen werdet. Ist nicht die Seele mehr denn die Speise? Und der Leib mehr denn die Kleidung?

aus der Bergpredigt

Lernt der Mensch die erste wichtige
Regel,
daß alles, was ist,
gut ist,
weil es ist,
dann kehrt immer mehr
Ruhe und Frieden in ihm ein.

Thorwald Dethlefsen

Wenn ich zurückdenke über mein Leben,
soweit es nun schon abgelaufen ist,
und die glücklichsten Augenblicke herauslese,
so finde ich sie stets in der Einsamkeit,
und zwar meist in einsamer Kirche oder in freier Natur,
besonders im Wald.

A. Stolz

DER SEGEN DES STILL-SEINS

„Ringet danach,
daß Ihr stille seid."

Paulus

Sicherlich haben auch Sie schon die Erfahrung gemacht, wie kräftigend zum Beispiel ein Spaziergang im stillen Wald wirken kann, wenn uns vorher Hektik und Lärm unsere Kraft geraubt haben. Diese Stille ist auch in der Lage, uns aus den beengenden Grenzen unserer Gedanken und Gefühle, unserer Sorgen und unseres Ehrgeizes hinauszuführen.

Vielleicht kennen Sie auch dieses Erlebnis: Wenn wir uns in der Stille der Natur plötzlich eins fühlen mit der Schöpfung, wenn wir uns im Einklang mit dem Unendlichen spüren. Es ist schwierig, jemandem dieses einzigartige, beglückende Gefühl zu beschreiben.

Die Stille ist eine Quelle, aus der wir jederzeit Kraft, Selbst-Erkenntnis und Selbst-Vertrauen schöpfen können. Je öfter wir 'eintauchen' in diesen Quell, je öfter wir uns der Stille wirklich überlassen können, desto mehr Vertrauen und Sicherheit gewinnen wir.

Und auch auf unserer Suche nach der W a h r h e i t ist die Stille ganz unentbehrlich. Wie oft geschieht es, daß wir selbst durch die geschickteste Argumentation nicht wirklich von etwas überzeugt werden, obwohl unser Intellekt der Beweisführung recht geben muß. Eine Antwort auf die Fragen, die uns ganz in unserem Innersten beschäftigen, finden wir nicht durch Worte, nicht mit unserem Verstand. Oder haben Sie je Worte gehört oder gelesen, die Ihnen den Sinn Ihres Lebens erklärt haben? Die Antwort auf diese essentielle Frage können wir nur erfahren, können wir nur in uns selbst finden.

Wirkliche Erkenntnis gewinnen wir nur dann, wenn wir offen sind, wenn die bewußten Gedanken schweigen ...

Wenn wir es zur Gewohnheit werden lassen, die Stille in uns aufzusuchen, haben wir endlich einen Weg gefunden, die Spannungen, Widersprüche, die quälenden Leidenschaften und auch die Gewalt in uns aufzulösen und Frieden zu finden.

Lassen Sie uns an dieser Stelle noch auf ein Mißverständnis hinweisen: Sich der Stille zu überlassen, bedeutet nicht Stillstand, nicht Leere oder gar völlige Selbstaufgabe. Folgen wir in diesem Zusammenhang kurz den Gedankengängen Vimala Thakars, die von der „lebendigen" Stille spricht:

„Damit Ihr ganzes Wesen wirken kann, müssen Sie erstens tatsächlich einsehen, daß Verstand und Gefühl nur ein Teil und nicht die Totalität Ihres Seins sind, und zweitens, daß es noch andere Arten von Reaktionen gibt als die des Gefühls und Verstandes. Drittens müßte sehr klar begriffen werden, daß – wenn dieser in Jahrhunderten durch Tradition und Religion, durch die Gesellschaft und psychologische Verhaltensmuster geprägte Sinn schweigt – eine solche Stille nicht Leerheit oder Hohlheit bedeutet und das Handeln nicht lähmt. Wir müssen die Tatsache einsehen, daß das Stillstehen von Denken und Fühlen eine Dimension des Lebens bedeutet, die ihre eigene Dynamik hat." ('Die Kraft der Stille')

Und nun lassen wir uns von Paul Brunton in ein konkretes „Stille-Erlebnis" versetzen: „Stellen Sie sich vor, es sei Herbst – ein 'goldener' Nachmittag – Sie haben bei einem Spaziergang auf dem Lande eine Baumgruppe gefunden – Sie legen sich unter einen dieser Bäume ins weiche Gras – herbstlich gefärbte Blätter schweben zur Erde hinunter – es ist warm – nur sanftes Schwirren von Insekten ist zu hören. In solcher Stimmung erwartet man in der Stille der Seele das Aufsteigen jener geheimnisvollen Gedanken, die so zart sind, daß die rauhen Schwingungen der Menschenzunge die winzig kleinen Wanderer durch eine unzarte Berührung verjagen können, und die so scheu sind, daß man oft lange warten muß, bevor der erste furchtsame Fremde es wagt, sich fangen zu lassen. Sind erst einige von ihnen erfaßt, wird ihr Segen mächtig sein. In solch geistig erhabener Stimmung liegen all die leisen Hoffnungen der Menschen umschlossen ... In solchen geheiligten Augenblikken glaubt man, den Saum des Unendlichen zu erfassen. Sätze formen sich aus dem All, man weiß kaum wie; Worte lösen sich vom Himmel und fallen auf diese irdische Welt, um die Feder zu führen. Diesen geheimnisvollen Stimmungen muß man sich hingeben und weit öffnen. Sie machen den Menschen zum Mittler zwischen dem unsterblichen Geiste und den schwachen, vergeßlichen Menschen." (Paul Brunton, „Der Weg nach innen")

Wir sehen, welch unendlich zartes, empfindliches, immer zur Flucht bereites Wesen die wirkliche Stille ist – und so wird auch klar, daß sie sich niemals zwingen lassen wird. Niemals werden wir unsere Gedanken und Gefühle „mit Gewalt" zum Schweigen bringen können. Seien Sie sich dessen auch bewußt, wenn Sie die von uns später vorgeschlagenen Übungen durchführen.

Wir können einen solchen – nennen wir ihn meditativen – Zustand nicht mit dem Willen, mit Zwang herbeiführen. Allerdings können wir üben, uns zu öffnen; wir können versuchen, die denkbar besten Bedingungen zu schaffen, damit dieser Zustand dann eintreten kann. Im Kapitel 'Meditation' werden wir hierauf noch näher eingehen.

LEBEN IM HIER UND JETZT

Die Herrschaft über den Augenblick
ist die Herrschaft über das Leben.

Marie von Ebner-Eschenbach

Wenn wir in diesem Kapitel für die Bemühung plädieren, im Hier und Jetzt zu leben, werden Sie vielleicht zunächst einmal erstaunt sein. Vielleicht fragen Sie sich: „Wo sonst soll ich denn leben als im Hier und Jetzt?" Aber bei näherer Betrachtung stellt sich heraus, daß wir viel zu selten wirklich in dem Augenblick leben, der sich gerade jetzt vollzieht.

Nehmen wir als Beispiel wieder unseren Waldspaziergang. Ich selbst war bei meinen Spaziergängen bis vor gar nicht so langer Zeit mit meinen Gedanken an allen möglichen Orten, nur nicht bei meinem Spaziergang im Wald – ich war bei der am nächsten Tag anfallenden Arbeit, bei den Freunden, die abends zu Besuch kommen wollten, bei einer wichtigen Besprechung in der nächsten Wolche oder bei einem unangenehmen Erlebnis am letzten Abend. Am Tag vorher hatte ich mich auf den Spaziergang gefreut (während ich einer anderen Beschäftigung nachging) – am nächsten Tag dachte ich noch manchmal an ihn. Aber während ich dort in der wunderschönen Umgebung weilte, habe ich kaum darauf geachtet, habe ich nur sehr wenig wirklich wahrgenommen.

Vielleicht finden Sie sich in diesem Verhaltensmuster wieder – wir alle haben heute große Schwierigkeiten damit, mit allen unseren Sinnen und dem Herzen bei dem zu sein, was wir gerade jetzt – in diesem Augenblick – tun. Auch dies hat etwas mit fehlender innerer Konzentration und Stille zu tun, mit der fehlenden Rückbindung an unsere Mitte, an unser wahres Sein.

Wieviel Kraft gibt es uns, wenn es uns eine Zeitlang gelingt, wirklich im Hier und Jetzt zu sein, den „Augenblick zu erfüllen". So ist auch die ungeheure geistige Erholung zu erklären, die uns zum Beispiel die intensive Beschäftigung mit einem geliebten Hobby verschaffen kann. Für einmal sind unsere Gedanken und Gefühle völlig auf eine Sache konzentriert – und trotzdem ganz entspannt.

Dieses Lebensgefühl könnten wir viel öfter genießen, wenn wir uns darum bemühen, unsere Gedanken an Vergangenes und Zukünftiges öfter auszuschalten und so ganz in der Gegenwart zu leben. Was anderes ist denn unser Leben als eine stetige Aneinanderreihung von einzelnen Augenblicken? Und wenn es mir gelingt, diese kleinen Augenblicke zu erfüllen, dann lebe ich ein erfülltes Leben!

Versuchen Sie es doch gleich einmal bei ihrem nächsten Spaziergang: Hören, schauen, ertasten und riechen Sie ganz bewußt Ihre Umgebung. Versuchen Sie, alles ganz bewußt und ohne Anstrengung wahrzunehmen.

Hier einige „Hilfsfragen":

Wie fühlt sich der Untergrund an, auf dem ich laufe?

Was ist zu hören – sind Tiere in der Nähe?

Wie ist das Licht beschaffen?

Wie sehen die Pflanzen aus – welche Grün-Schattierungen gibt es?

Wie riecht die Luft – herbstlich, sommerlich . . . ?

Lassen Sie sich auf Ihre Umgebung ein – werden Sie eins mit ihr!

Bei Ihrem ersten Versuch werden Sie bestimmt noch mit vielen Gedanken konfrontiert, die mit dem Hier und Jetzt nicht das geringste zu tun haben. Werden Sie dann nicht „gewalttätig" – schauen Sie diese Gedanken kurz an, lassen Sie sie dann ziehen wie kleine Wolken am Himmel und wenden sich wieder dem Augenblick zu. Und lassen Sie sich nicht entmutigen – schon sehr bald werden Ihre kreisenden Gedanken zur Ruhe kommen, und Ihre Spaziergänge werden für Sie zu einer Möglichkeit wirklicher Erholung – nutzen Sie diese Möglichkeit des Auftankens, des Kraft-Schöpfens!

Natürlich lassen sich diese Erfahrungen auf alle Lebensbereiche anwenden: Machen Sie ein Spiel daraus – versuchen Sie von nun an alles, was Sie tun, bewußt und konzentriert zu tun.

Erfüllen Sie so jeden Augenblick Ihres Lebens. –

WIE LANGE ICH LEBE,

LIEGT NICHT IN MEINER MACHT;

DASS ICH ABER,

SOLANGE ICH LEBE,

WIRKLICH LEBE,

DAS HÄNGT VON MIR AB.

Seneca

HEILUNG DURCH STILLE

Daß sehr viele – sogar die meisten – körperlichen Leiden seelisch bedingt sind, ist heute fast schon eine Binsenweisheit. Wer allerdings ist willens und auch in der Lage, die richtigen Konsequenzen aus dieser Erkenntnis zu ziehen?

Wenn unser Körper erkrankt, zeigt er uns auf seiner Ebene, daß die Harmonie im Innern gestört ist. Bevor ein Organ krank wird, sind wir in einem viel grundsätzlicheren Sinne „krank" – die körperlichen Symptome sind nur deutliche äußere Zeichen dafür, daß wir unsere Einheit verloren haben, daß wir im wahrsten Sinne des Wortes nicht h e i l, nicht g a n z sind.

Was aber tun wir mit diesen wichtigen Hinweisen, unseren körperlichen Symptomen? Wenn wir Kopfschmerzen haben und uns vielleicht sogar durchaus klar ist, daß die Ursache zum Beispiel in unserem „stressigen" Berufsleben liegt – nun, was tun wir? In den meisten Fällen nehmen wir eine Schmerztablette, wenden uns dem nächsten Telefongespräch zu und denken am Abend nicht mehr daran. Schließlich gibt es genug andere Probleme, mit denen wir uns herumschlagen müssen. Und so haben wir den Hinweis, der uns zu einer Änderung unserer Lebensgewohnheiten führen sollte, einfach übergangen. Unsere Krankheiten sind Helfer und Ratgeber, aber wir müssen unsere Symptome ernst nehmen und nicht versuchen, sie so schnell wie möglich wieder loszuwerden.

Erkranken wir ernsthaft, vielleicht am Herzen oder am Magen, dann gehen wir zum Arzt und vertrauen darauf, daß seine Tabletten und Spritzen uns heilen.

Doch die Verantwortung für unser Leben und also auch für unsere Gesundheit kann uns niemand abnehmen. Und letzten Endes sind wir auch die einzigen, die die Macht haben, uns wirklich zu heilen und gesund zu erhalten. Denn die Ursachen für unsere Leiden liegen in uns selbst – und bei diesen Ursachen muß dann natürlich auch die Hilfe ansetzen. (Auf diese wichtige Thematik kommen wir im Kapitel über das positive Denken noch einmal zurück, in dem es darum geht, in welch hohem Maße die Qualität unseres Denkens unser Schicksal und unsere psychische und physische Gesundheit beeinflußt.)

Konzentrieren wir uns an dieser Stelle auf die Hilfe, die uns schon durch regelmäßig praktizierte Zeiten der Stille erwächst. Die häufigsten Krankheitserreger sind nicht Viren oder Bakterien, sondern Versagensängste, brennender Ehrgeiz, Überforderung, Überspannung, ständiges Sorgen und Grübeln, Neid, Eifersucht etc. Wir gönnen Körper und Seele keine Ruhe, kaum eine Erholungspause – selbst im Schlaf schlagen wir uns häufig noch mit unseren Problemen, Wünschen und Sorgen herum.

Es ist wirklich kein Wunder, wenn wir auf diese Art geschwächt werden und immer öfter nach äußeren Hilfsmitteln – nach Medikamenten und Drogen greifen. Dabei müßten wir nur lernen, unseren Körper und Geist in Ruhe lassen zu können. In Zeiten wahrer Stille haben unsere Selbstheilungskräfte eine Chance, Schäden zu reparieren und die notwendigen Schritte zur Wiederherstellung der gestörten Harmonie zu unternehmen.

Manchmal, wenn er keine andere Möglichkeit mehr sieht, zwingt uns der Körper geradezu zu solchen Zeiten des Innehaltens; etwa wenn er so schwer erkrankt, daß wir nicht mehr fähig sind, am normalen Leben teilzunehmen.

Doch so weit müssen wir es gar nicht kommen lassen – wir haben es ja in der Hand, Körper und Geist die Ruhe zu verschaffen, die sie brauchen, um immer wieder zu regenerieren und so gesund zu bleiben. Geben Sie Ihren Selbstheilungskräften diese Chance!

Einige Möglichkeiten, dies zu tun, haben Sie in den vorangegangenen Kapiteln erfahren und vielleicht auch schon praktiziert. Viele weitere konkrete Hilfestellungen und Übungsanleitungen finden Sie im zweiten Teil des Buches, die Ihnen aus dem Teufelskreis der Hektik heraushelfen können.

Unser innerstes Selbst
besitzt ein unermeßliches Bewußtsein
kosmischer Art.
Wir berühren es im SCHWEIGEN.

Mit seiner Hilfe können wir lernen,
mit der Herstellung des seelischen Gleichgewichts
die Harmonie auch im Körper herbeizuführen
und auf das Kollektivbewußtsein
des Zellenstaates
erneuernd einzuwirken.

K. O. Schmidt

GLAUBE UND GEBET

Die ganz große Krankheit unserer Zeit aber ist die fehlende Religio.* Je mehr wir unseren Verstand und die Produkte unseres Verstandes – die Wissenschaften – entwickelt haben, umso mehr ist uns Gott, ist uns der Glaube daran, daß wir geführt werden, abhanden gekommen. Es hat sich die Überzeugung breitgemacht, daß wir alles selbst entscheiden und tun müssen, und so ist die Unsicherheit immer größer und größer geworden. Eine grundsätzliche Verunsicherung prägt unser Leben und füllt es mit Ängsten und Sorgen.

„Die Furcht ist der einzige Feind des Menschen: Furcht des Mangels, Furcht des Mißerfolges, Furcht der Krankheit, Furcht des Verlustes und ein Gefühl der Unsicherheit auf irgendeinem Gebiet. Jesus Christus sagte: ‚Ihr Kleingläubigen, warum seid ihr so furchtsam?' Wir begreifen deshalb, daß wir den Glauben anstelle der Furcht setzen müssen, denn die Furcht ist nur verkehrter Glaube; sie ist der Glaube an das Böse anstatt an das Gute." (Florence S. Shinn, „Das Lebensspiel und seine Regeln")

Wenn wir hier das Wort „Glaube" benutzen, meinen wir damit nicht, „die Möglichkeit in Betracht ziehen, daß es Gott gibt" – Glaube ist ein aus den Tiefen unseres Seins stammendes Wissen, das nicht hofft, nicht denkt, nicht zweifelt:

Wir wissen!

Was, so werden Sie sich vielleicht fragen, hat dies nun alles mit unserem Thema zu tun? – Es gibt in der Tat eine

---

* Erklärung (bzw. Übersetzung) releggere: zurückbeugen.

sehr enge Beziehung unseres Plädoyers für die Stille zu der ungeheuren Kraft, die aus dem Glauben erwächst. Denn nur, wenn es uns gelingt, Stille in uns zu erzeugen, können wir den verlorengegangenen Kontakt zu Gott wiederherstellen.

Unser Denken, unser Fühlen und Wollen sind zu „laut", so daß wir verlernt haben, auf das zu hören, was uns unsere innere Stimme zu sagen hat. Unser wahres Selbst ist ein Teil der vollkommenen göttlichen Schöpfung – doch wir können nicht mehr wahrnehmen, was es uns zu sagen hat.

Durch das Stillwerden jedoch ist uns die Möglichkeit gegeben, die verschlossene Tür zu der Höheren Macht wieder aufzustoßen und jenes Urvertrauen in die Schöpfung wiederzufinden, dessen Verlust uns das Leben so unnötig schwer macht.

Sicherlich kennen Sie diese Erfahrung: Beim Betreten – etwa auf einer Besichtigungsreise – einer Kirche, eines Tempels, irgendeines „Gotteshauses", eines Ortes, an dem wirkliche Stille herrscht, spüren wir sofort die veränderte Atmosphäre. Diese Stille ist fast greifbar, sie kann uns „ergreifen", und wir spüren eine größere Nähe zum Allmächtigen.

Und ohne still zu werden, gibt es kein echtes Gebet. Erst wenn unser Geist frei ist von vagabundierenden Gedanken und allen möglichen Vorstellungsbildern, können wir die Verbindung mit Gott wieder herstellen.

Gelingt es uns aber, unser Denken, Fühlen und Wollen, unser alltägliches Bewußtsein im Gebet zugunsten des Höchsten Bewußtseins zurückzustellen, so finden wir zurück zum Glauben an die Macht des Guten. Dann sind wir wieder eingebettet in das Gefühl des Geborgenseins und in das Grundvertrauen, das uns so viel Kraft und Stärke zu geben vermag.

Wie souverän und vertrauensvoll können wir dann auch die bedrohlichsten Klippen des Lebens umschiffen!

Das Reich Gottes kommt nicht
mit äußeren Gebärden;
man wird auch nicht sagen:
Siehe hier! oder: da ist es!
Denn sehet, das Reich Gottes
ist inwendig in euch.

Lukas 17, 21

Es lebt etwas im Menschen, das nicht schlecht und unsittlich oder befleckt werden kann, das immer wahrhaftig und rein ist.

Das ist das Göttliche, die ihn wiederherstellende Kraft, die auch in dem Verkommensten noch als Sauerteig wirkt und ihn umwandelt, bis er zu dem Gott und dem Guten, die er verlassen hat, und zu seinem natürlichen Zustand zurückkehrt.

O. S. Marden

ÜBERWINDUNG DES EGO

Wie inzwischen sicher deutlich geworden ist, geht es bei unserer Thematik nicht nur um bestimmte Techniken, die wir von Zeit zu Zeit anwenden können, um uns geistig und körperlich zu erholen – es geht viel umfassender um eine Änderung der Lebenseinstellung, die uns zu einem glücklicheren, harmonischeren und letztlich auch sinnvolleren Leben verhilft.

In der Literatur, die sich mit einer solchen Einstellungs-Änderung befaßt, trifft man immer wieder auf die Forderung, das eigene Ego in den Hintergrund treten zu lassen. Dies führt häufig zu Mißverständnissen: Gemeint ist nicht, daß wir unser Selbst wegschieben und als unwichtig betrachten sollen – ganz im Gegenteil: Wir werden aufgefordert, unser ständig wollendes, wünschendes, ablenkendes, überempfindliches Ego still werden zu lassen, eben um zu unserem wahren Selbst vorstoßen zu können.

Und so hat die Zurückstellung des Ego auch nicht etwa eine Verminderung der Lebensfreude oder des persönlichen Glücks zur Folge – sie dient ja zu nichts anderem als zur Erreichung einer viel tieferen Freude und des wahren Lebensglücks.

Wenn ich ständig damit beschäftigt bin, dem Erfolg nachzujagen, wenn in mir „rund um die Uhr" die Gedanken kreisen, welche Fehler ich vielleicht heute gemacht habe, wen ich eventuell verstimmt habe, wer mich ungerecht behandelt hat; wenn es für mich eine Katastrophe bedeutet, von jemandem unterschätzt zu werden; wenn es für mich von unendlicher Wichtigkeit ist, was alle anderen von mir denken . . . wann und wohin ich im Sommer in den Urlaub fahre . . . ob ich für diesen oder jenen Wunsch genug

Geld haben werde . . . . usw. . . . usw. . .– dann bleibt in meinem Leben kein Raum für die wirklich wichtigen Dinge und Fragen. Ich komme nie zu mir selbst.

„Das Gesetz der Selbsterweiterung durch Ichentäußerung gilt auf allen Stufen der menschlichen Evolution. Der geniale Mensch erlangt seine Bewußtseinserweiterung durch unmerkliche Überwindung der Ichhaftigkeit. Alle Großen der Menschheit sind dafür leuchtende Beispiele." (K. O. Schmidt)

Während der letzten Jahrhunderte hat der Mensch ungeheure Fortschritte gemacht: Denken wir an die Medizin, Physik, Chemie, Biologie, Elektronik, Technik, auch an die Erforschung der menschlichen Psyche usw. Unsere Verstandeskräfte haben sich entwickelt, unsere Bedürfnisse, unsere Wünsche sind immer größer geworden – und auch die Möglichkeiten, diese Wünsche zu erfüllen. Sind die Menschen durch diese Entwicklung aber glücklicher geworden?

Wir behaupten „nein" und stehen mit dieser Ansicht nicht allein. Wenn wir mit unserem Verstand heute auch immer schwierigere Probleme lösen können und tausend Möglichkeiten haben, unser Ego zu befriedigen, sind wir doch in der Frage nach dem Sinn unseres Lebens nicht weitergekommen. Nach wie vor fühlen wir uns zerrissen, „un-heil", und wir lenken uns ständig ab, um dieser Spannung zu entgehen. Statt uns auf die Suche nach der Wahrheit zu machen, sind die meisten von uns fast ständig damit beschäftigt, vor ihr zu fliehen. Andere wiederum versuchen sie zu finden, indem sie Wissen anhäufen. Doch – wie gesagt – mit dem Verstand werden wir der Wahrheit nicht näherkommen.

Eine Antwort auf die Frage, wer wir sind und was der Sinn unseres Lebens ist, finden wir . . . nirgendwo als in uns selbst. Und den Kontakt zu unserem wahren Ich können wir weder mit dem Verstand noch mit dem Willen herstellen.

Wir können aber eines tun: Wir können den Boden für diese Kontaktaufnahme bereiten, indem wir unser Ego in den Hintergrund treten lassen, indem wir immer und immer wieder die Stille aufsuchen, also unsere „Ego-Gedanken und -Gefühle" schweigen lassen.

Nur in der Stille haben wir die Chance, die ewige Wahrheit in uns zu entdecken – nicht durch das Lesen noch so kluger Bücher, nicht durch Denken und Grübeln und auch nicht durch gewaltige Willensanstrengungen. Erzwingen läßt sich der Kontakt zu unserem wahren Selbst nicht – doch wenn wir schweigen, wenn wir still werden und ohne Erwartung in uns hineinhorchen, wird er uns geschenkt.

„Hinter dem Menschen, den wir sehen,
lebt ein anderer Mensch, den wir nicht sehen,
hinter dem fleischlichen Körper
strahlt ein leuchtendes, erhabenes Bewußtsein ...
Wir leben unser wirkliches Leben
in den Tiefen unserer Seele,
nicht in der oberflächlichen Maske
unserer Persönlichkeit,
die wir der Welt zeigen.
Der lebendige Bewohner aber ist wichtiger
als das Haus aus Stein,
das ihn umgibt."

Paul Brunton

ÜBER DIE LIEBE

Von unseren Gedanken über den Glauben und die Überwindung unseres Ego ist es nur ein kleiner Schritt zu dem großen Thema der Liebe. Zwar hören wir heute fast täglich in irgendwelchen Filmen den bedeutenden Satz: „Ich liebe dich", doch für die meisten Menschen ist dieser Satz leer geworden, er hat schon lange seine wunderbare Bedeutung verloren.

Mit dem Gefühl der Liebe sind heute doch meist selbstsüchtige Forderungen verbunden. Und wer bringt es auch nur annähernd fertig, das Gebot, seinen Nächsten zu lieben, zu befolgen? Wenn wirklich jeder Mensch auch nur einen anderen Menschen selbstlos lieben könnte . . . welches Leid könnte der Welt erspart werden, wieviel Einsamkeit würde überwunden!

Normal ist es heute, daß Nachbarn Prozesse gegeneinander führen, daß in jedem Betrieb Haß, Neid und Groll an der Tagesordnung sind – leider ließen sich noch sehr, sehr viele Beispiele aufführen.

Wie aber können wir sie wiederfinden, die Liebe, die uns aus unserer Einsamkeit herausführen kann? Wenn wir versuchen, die Einstellung zu unserem eigenen Leben und zu unseren „Nächsten" in der beschriebenen Richtung zu verändern, sind wir schon auf einem guten Weg – denn dann sind wir dabei, alles das abzubauen, was uns von unseren Mitmenschen trennt. Unser Ego mit seiner Empfindlichkeit, seiner Eifersucht, seiner Mißgunst und seinem Ehrgeiz hat uns in die Einsamkeit getrieben.

Menschen, die ihre Mitte gefunden haben, die zu ihrer Einheit, ihrer Ganzheit zurückgekehrt sind, haben keinen Grund mehr, anderen etwas zu mißgönnen, oder Angst zu haben vor ihren Mitmenschen, die dann in Aggression umschlägt.

„Wenn das Denken und Fühlen still sind und man die Kunst erlernt, frei von der konditionierten Psyche zu leben und sich zu bewegen, fühlt man sich allem, was unseren Weg kreuzt, liebevoll verbunden.

Schmelzen des Ego ist Beginn von Liebe.

Es verwandelt sich in Liebe. Dann wird jede Ihrer Bewegungen Ausdruck von Liebe und Freundschaft." (Vimala Thakar)

Sie sehen, wie sich hier der Kreis schließt – wenn unser Ego nicht mehr unser Leben beherrscht, dann ist der Weg frei zu echter Liebe – und zu einem harmonischen Miteinander mit allen anderen Menschen.

Der Weg der Stille ist also keineswegs ein Weg in die Einsamkeit – er ist das genaue Gegenteil: Eine Chance, die Einsamkeit zu überwinden!

Wir wissen, daß wir aus dem Tod
in das Leben übergegangen sind,
weil wir die Brüder lieben.

Wer nicht liebt, der bleibt im Tod ...

I. Johannes 3, 14

DIE QUALITÄT UNSERER GEDANKEN

Das Leben eines Mannes
ist das,
was seine Gedanken
daraus machen.

Marc Aurel

Kommen wir nun zu einem weiteren Komplex unseres Themenkreises, der einen sehr wichtigen Baustein in unserem neuen „Lebensfundament" darstellt: Es ist der Bereich unseres Denkens. Zu diesem Thema fanden wir eine sehr erhellende Geschichte bei Florence S. Shinn: „Ich kenne einen Mann, der sagt: 'Ich verpasse immer die Bahn. Sie fährt unweigerlich gerade ab, wenn ich hinkomme.' Seine Tochter sagt: 'Ich erreiche immer die Bahn. Sie kommt unweigerlich gerade an, wenn ich ankomme.' Dies geschah jahrelang. Jeder hatte für sich ein eigenes Gesetz gemacht, der eine des Mißerfolges, der andere des Erfolgs."

Wir sehen, wie hier eine Vorstellung, die sich im Bewußtsein des Mannes festgesetzt hat, direkten Einfluß nimmt auf das, was „außen" geschieht. Der Mann hatte in seinem Unterbewußtsein das Programm verankert: 'Ich versäume die Bahn'; und sein Unterbewußtsein – als treuer Diener seines Herrn – setzt alles daran, dieses Programm zu verwirklichen. Und es hat Erfolg damit.

Oder nehmen wir ein anderes Beispiel: Jemand ist überzeugt davon, kein liebenswerter Mensch zu sein. Es wird seinem Unterbewußtsein binnen kürzester Frist gelingen, ihm die „Beweise" für sein Urteil zu liefern. Es wird andere Menschen dazu bringen, ihm so entgegenzutreten, daß seine Meinung bestätigt wird. Wenn ich selbst davon überzeugt bin, unsympathisch zu sein, werde ich aus diesem Grunde eben auch unsympathisch auftreten. Mein Selbstbild bestimmt, wie ich auf andere Menschen zugehe und auf sie reagiere.

Sie können sich vorstellen, daß es unzählig viele Situationen gibt, die wir mit unseren Vorstellungen steuern. Wir können sogar noch weitergehen: Für alles, was in unserem Leben geschieht, haben unsere Gedanken und Vorstellungen einmal die Weichen gestellt. Für unsere Erfolge, unsere Mißerfolge, für unsere Probleme und unsere glücklichen Momente finden sich die Ursachen in der Qualität unserer Gedanken. Wir prägen unsere Vorstellungsbilder dem Unterbewußtsein ein, das dann bestrebt ist, sie möglichst genau zu realisieren. Mit unseren Gedanken setzen wir sehr mächtige Energien frei – dessen sollten wir uns immer bewußt sein. Wenn wir also in unserem Leben etwas verändern wollen, so müssen wir die Qualität unserer Gedanken ändern.

Kommen wir an dieser Stelle noch einmal auf das schon angeschnittene Thema „Krankheit" zurück. Es liegt nun auf der Hand, daß wir mit einer positiven Änderung unserer Gedanken und Vorstellungen auch eine Verbesserung unserer Gesundheit herbeiführen können. Viele Leute „denken sich krank". Sie schaffen in sich das Bild eines schwachen, anfällligen Körpers und leiden dann darunter, daß ihr Unterbewußtsein genau dieses Bild verwirklicht.

Andere wiederum werden im wahrsten Sinne des Wortes „zerfressen" (Magen!) von ihrem ständigen Ärger, ihren Sorgen, ihrem Neid – kurz von ihren negativen Gedanken.

„Nur ein friedliches Denken gestattet friedliche gesunde Arbeit im Innern des Körpers. Ein dauernd freundliches Denken, duldsam und liebend, bringt wohltuend verspürte gute Arbeit im Körperinnern herbei, während negatives Denken die Gesundheit zerfrißt." (Felix Riemkasten)

Wenn wir uns also in der Kunst des positiven Denkens üben, können wir nicht nur psychisch, sondern auch physisch zu mehr Kraft und Gesundheit gelangen.

„Wir müssen uns entscheiden zwischen dem Glauben an das Kranksein oder an unser Heilsein von innen her. Der eine macht uns zum Sklaven der Umstände, der andere zum Herrn über Leib und Leben. Im Grunde wählen wir immerfort, mit jedem neuen Gedanken, dem wir in uns Raum geben." (K.O. Schmidt)

Selbstverständlich lassen sich diese Schlußfolgerungen auf alle Lebensbereiche übertragen. Wir können alles das verwirklichen, was wir ganz tief in unserem Innern als wertvoll betrachten, an dem wir bejahend festhalten. Wenn wir beharrlich sind und eine positive Vorstellung nicht durch Zweifel und Furcht zerstören, werden wir wahre Wunder vollbringen können. Wir werden dann auch die „Schuld" an unserem Schicksal nicht mehr auf andere abwälzen können (und es ja auch gar nicht mehr wollen). Haben wir einmal erkannt und erfahren, daß wir selbst mit unseren Wünschen, Vorstellungen und Gedanken die Schöpfer unseres Schicksals sind, werden wir die Verantwortung für unser Leben gern in die eigenen Hände nehmen.

Machen Sie doch einmal die Probe aufs Exempel: Wählen Sie einen Menschen aus, den Sie nicht besonders mögen und zu dem Ihre Beziehung mit Spannungen belastet ist. Versuchen Sie nun über einen längeren Zeitraum hinweg, liebevoll und verstehend an diesen Menschen zu denken. Stellen Sie sich oft in einer entspannten Situation vor, wie Sie diesem Menschen freundschaftlich begegnen und er Ihnen offen und herzlich entgegentritt. Stellen Sie sich diese Situation in allen Einzelheiten vor und freuen Sie sich über die Veränderung der Beziehung. Sie werden staunen, welchen Effekt diese Einstellungsänderung im „realen" Leben hervorruft: Bei Ihrer nächsten Begegnung wird sich dieser Mensch Ihnen gegenüber ganz anders verhalten.

Unsere wirklichen Feinde sind unsere negativen Vorstellungsbilder und Gedanken, die sich in unserer Umwelt materialisieren. Wenn es uns gelingt, unser Unterbewußtsein positiv zu stimmen, dann werden sich auch unsere äußeren Lebensbedingungen entsprechend verändern.

Und zu solch einer inneren Veränderung verhilft uns wiederum unsere Selbstbesinnung in der Stille. Im hektischen Getriebe des „normalen" Tages werden wir in dieser Richtung wenig erreichen können; denn auch hier genügt es nicht, rein verstandesmäßig vorzugehen. Im Schweigen, in der Versenkung ist die Tür zu unserem Innern weit offen. Hier haben wir die Möglichkeit, zu unserem Unterbewußtsein vorzudringen und es als wahren Verbündeten zu gewinnen.

Da wir ja festgestellt haben, daß die Ursachen für unsere Lebensbedingungen in uns selbst liegen, ist es nur folgerichtig, für eine Veränderung dieser Bedingungen auch hier anzusetzen – in uns ist alles.

Wir müssen nur versuchen, zu unserem Innersten vorzudringen – hierbei wird uns die Kraft des Schweigens von unermeßlicher Hilfe sein.

Sollten Ihnen alle diese Gedankengänge zunächst einmal als etwas zu theoretisch erscheinen, möchten wir Sie auch hier auf den zweiten Teil des Buches verweisen, in dem Sie viele Anregungen und Hilfestellungen erhalten, mit denen Sie sich entspannen können und die Ihnen helfen werden, das Tor zu Ihrem Innersten zu öffnen.

WIR SIND SO BEGRENZT

ODER GRENZENLOS,

WIE ES UNS

UNSERE VORSTELLUNG ERLAUBT.

Marcus Allen

DIE GROSSE CHANCE »MEDITATION«

Mit einigen grundsätzlichen Gedanken zur Meditation beschließen wir nun den ersten, eher theoretisch angelegten Teil unserer Betrachtungen. Bisher haben wir uns damit auseinandergesetzt, wie wichtig es ist, die innere Stille wiederzufinden, um zu unserer Einheit zurückkehren zu können. Wir sind uns darüber klargeworden, daß wir uns damit einen Weg öffnen, zu unserem ureigensten inneren Wesen vorzustoßen, und wir suchen nach Möglichkeiten, unserem Dasein mehr Tiefe, Freude und Erfüllung zu geben. Was liegt da näher, als sich mit einer uralten Tradition zu beschäftigen, die sich alle diese Dinge zum Ziel gesetzt hat: mit der Kunst der Meditation.

Regelmäßig praktiziertes Meditieren ist in der Lage, uns aus unserer Zerrissenheit herauszuhelfen. Die Qual dieser Zerrissenheit verspüren sehr viele Menschen, und sie hoffen, ihr mit Drogen, mit Psychopharmaka, Tranquilizern etc. entgehen zu können. Sie betäuben sich und können damit nur für kurze Zeit der inneren und äußeren Hektik entfliehen – aber um was für einen Preis? Sie werden süchtig, fühlen sich mehr und mehr ausgeliefert, stumpfen ab, ohne dem Ziel ihrer Sehnsucht nach innerem Frieden auch nur einen Schritt näherzukommen. Mit diesen äußeren Hilfsmitteln wird nur eine Betäubung erreicht, eine Abstumpfung der Sinne und eine Reduzierung des Bewußtseins; während das Ziel der Meditation in einer Bewußtseinserweiterung liegt – Meditation öffnet dem Menschen den Teil seiner Persönlichkeit, der normalerweise dem intellektuellen Denken zum Opfer fällt. Sie macht uns unser schlummerndes, gewaltiges inneres Potential erfahrbar.

Die Techniken

In Asien wird die Kunst der Meditation seit Jahrtausenden praktiziert. Auch hier bei uns in Europa kann sie auf eine lange Tradition zurückblicken und findet seit längerer Zeit eine immer zahlreicher werdende Anhängerschaft. Das Bedürfnis nach hilfreichen Methoden zur Versenkung ist zweifellos vorhanden – immer mehr Menschen sind sich einer Leere in ihrem Leben bewußt und suchen verzweifelt nach Möglichkeiten, diese Leere auszufüllen und ihrem Leben mehr Sinnhaftigkeit zu verleihen. Daher ist es kein Wunder, daß das Angebot von Meditations-Zentren, Kursen und Literatur immer größer wird.

Es herrscht allerdings auch eine weit verbreitete Verwirrung über das, was Meditation eigentlich ist, was sie zu bewirken vermag und welche Techniken man denn nun anwenden sollte. Man liest von Yoga-Techniken, von Zen- und Mantra-Meditationen, von der Sufi-Tradition etc.

Hierzu ist es wichtig zu wissen, daß eine Technik nicht die Meditation ist. Eine Meditations-Technik ist nur die Methode, mit der wir eine Situation herbeiführen, in der Meditation stattfinden kann. Es gibt Methoden, die für Sie ganz persönlich besser oder schlechter geeignet sind. Welche Methode Ihnen am meisten zusagt, finden Sie durch Ausprobieren leicht heraus. Sie werden sehr schnell merken, was Ihnen weiterhilft, was für Sie gut ist.

Verwechseln wir also nicht eine Technik mit der eigentlichen Meditation – alle Übungen dienen nur dazu, unseren Verstand zu „überlisten", ihn „herunterzuschalten", zum Beispiel durch die Konzentration auf ein Wort, auf einen Punkt, auf den Atemrhythmus oder auch durch eine sehr große körperliche Anstrengung (Tanz). Wir wenden sozusagen „Tricks" an, um dem Intellekt seine Vorherrschaft zu rauben. Wenn wir den Zugang zu unseren brachliegenden Bewußtseinsebenen öffnen wollen, müssen wir alles aktive Denken, Wollen und Fühlen ausschalten. Wir sind angewiesen auf bestimmte Methoden und Hilfsmittel, um diesen Schritt vom Denken zum Nicht-Denken tun zu können. Zu lange haben wir uns von unserem Intellekt, vom reinen rationalen Denken beherrschen lassen.

Unserem Bewußtsein ist dieser Schritt zum Da-Sein ohne jeden Gedanken unheimlich. Daher müssen wir auch eine gewisse Angstschwelle überwinden, wenn wir uns wirklich auf eine Begegnung mit unserem wahren, unbekannten Ich einlassen wollen. Das Bewußtsein möchte gern alles geordnet, übersichtlich und logisch erklärbar haben. Es gerät in Panik bei dem Gedanken, sich auf etwas völlig Unbekanntes einzulassen, das es mit seinen kausalen Denkprozessen nicht erfassen kann.

Was bewirkt Meditation?

Aus diesem Grund ist es auch so schwierig, rational zu erklären, was bei der Meditation geschieht – wir können es umschreiben und Ihnen eine Ahnung vermitteln. Um die Vorgänge beim Meditieren aber wirklich begreifen zu können, muß man sie erleben. In der Meditation überschreiten wir die Grenze des rational Faßbaren.

Auf einmal erleben wir nicht nur einen Aspekt der Wahrheit, sondern die Wahrheit an sich; wir sehen nicht mehr nur einzelne Facetten unserer Persönlichkeit, wir sehen unser gesamthaftes, ungespaltenes Ich – Meditation führt uns zu einem umfassenden Bewußtheitszustand.

Lassen wir ein paar Menschen zu Wort kommen, die von ihren Erfahrungen mit der Meditation berichten.

Carl Friedrich von Weizsäcker: „Es ist ein Stillwerden des bewußten Getriebes und es meldet sich, es zeigt sich etwas, was auch immer vorher da war. Überhaupt, man wird durch die Meditation kein anderer, sondern der, der man immer gewesen ist." (Zitiert bei Margit Seitz)

Marc de Smedt: „. . . Nun kommt die wahre Ruhe. Und eine neue Energie erwächst in uns, durch die man der äußeren Realität mit mutiger Entschlossenheit, mit ruhigem, unbeirrbarem Willen trotzen kann. In heiterer Gelassenheit, mit klarem Blick.

Dies ist eine echte psychosomatische Therapie, eine Methode zur geistigen Gesundung. Übung der Stille und innere Erneuerung. Was ist der Wahnsinn anderes als der durch seinen eigenen Lärm, sein eigenes Getöse zersplitterte Geist?"

Marcus Allen: „Körperlich kannst du durch Meditation und Yoga geheilt werden. . . . Mediation bringt dich in Verbindung mit deinem Körper und läßt dich empfindsam für seine Spannungen, seine Energie und seinen Gesundheitszustand werden. Tatsächlich reinigt und heilt eine einfache, stille Meditation nach einer gewissen Zeit deinen Körper . . .

Seelisch haben Meditation und Yoga eine wunderbare Wirkung. Sie beruhigen das Gemüt, ohne etwas zu unterdrücken . . . Selbst in Zeiten größten seelischen Aufruhrs kann dir die Verankerung in Meditationsübungen einen gesunden Abstand zu deinen Gefühlen verschaffen, so daß dir alles leichter und unwichtiger erscheint und du es nicht mehr so ernst nimmst . . .

Geistig wirken sich Meditation und Yoga auch sehr positiv aus . . . Sie zügeln den rationalen Verstand: wenn du immer wieder an etwas arbeitest ohne befriedigende Lösung, bringt dir eine einfache, stille Meditation Abstand von deinen Denkprozessen und eine klarere Sicht. Oftmals taucht ohne jegliche Anstrengung eine einfache Lösung auf.

Spirituell haben Meditation und Yoga die beste Wirkung, denn sie können dir die tiefe Erkenntnis bringen, wer du wirklich bist. In Wirklichkeit bist du eins mit allem, Bestandteil des Universums . . ."

Medizinische Aspekte

Wie sieht nun das Geschehen während einer Meditation vom medizinischen Blickwinkel her gesehen aus?

Im meditativen Zustand produziert der menschliche Organismus Endorphine – d.h. körpereigene Beruhigungsmittel; also Beruhigungsmittel, die so alt sind wie die Menschheit selbst, die keinerlei schädigende Nebenwirkungen aufweisen und keinerlei Gefahr beinhalten, süchtig zu werden.

Alle Muskelverspannungen werden gelockert und damit Schmerzen (z.B. Spannungs-Kopfschmerz) gelindert. Die Atmung vertieft sich. Der gesamte Organismus kommt zur Ruhe – Körper und Geist entspannen sich und können regenerieren.

Bei Testreihen mit Gehirnstrommessungen wurde festgestellt, daß während der Meditation ein konstanter Alpha-Wellen-Rhythmus vorherrscht, der die normalerweise passivere rechte Gehirnhälfte gleichmäßig miteinbezieht. „Plötzlich synchronisieren sich die Vorgänge in den beiden Hemisphären. Das ist wichtig, weil die bei uns stets dominierende linke Hemisphäre nach neuesten Erkenntnissen vor allem für das analytisch-logische Denken zuständig ist. Rechts dagegen laufen schöpferisch-abstrakte Prozesse ab, dort scheint die Intuition, der Zugang zu feineren Bewußtseinsbereichen, lokalisiert zu sein.

Nach einer ganzen Reihe von Untersuchungen nimmt Dr. Bernhard Glueck vom amerikanischen Hartford Institut for Living an, daß sich während einer bestimmten Phase der Meditation mehrere Billionen Gehirnzellen aus der rechten Hemisphäre in das aktive Netzwerk zuschalten. Wenn diese Annahme zutreffend ist, kann damit die enorme Expansion der bewußten Wachheit und Verarbeitungsfähigkeit erklärt werden." (Margit Seitz)

Im sogenannten „Alpha-Rhythmus" des Gehirns ist eine Verarbeitung von angestautem Stress möglich; Körper und Geist erholen sich während einer 20 minütigen Meditation besser als durch einen 2-stündigen Tiefschlaf.

Längerfristig vermag regelmäßiges Meditieren unter anderem folgendes zu bewirken:

- Ein zu hoher Blutdruck normalisiert sich.
- Konzentrations- und Reaktionsfähigkeit werden gesteigert.
- Man reagiert gelassener auf alle Stress-Faktoren.
- Man wird allgemein belastungsfähiger und findet zu mehr Vertrauen in die eigenen Fähigkeiten.
- Zahlreiche psychisch bedingte Krankheiten wie zum Beispiel Magengeschwüre, Hauterkrankungen, Migräne,

Asthma etc. werden gebessert und häufig auch völlig ausgeheilt.

- Es wird eine bessere Konfliktfähigkeit erreicht.
- Verdrängte Probleme können besser verarbeitet werden.

Sie werden sicher noch viele weitere Aspekte entdekken, wenn Sie den „Schritt ins Unbekannte" wagen.

Die Voraussetzungen schaffen

a) Die innere Einstellung

Entscheidend ist es, sich immer wieder ins Bewußtsein zu rufen, daß wir mit dem Willen nichts ausrichten können. Wir können uns nur bereitmachen und dann geschehen lassen – und offen sein für alles, was geschieht. Wir dürfen nichts erreichen wollen.

Mit einer hohen, gespannten Erwartungshaltung zerstören wir von vornherein die Möglichkeit des Sich-Fallen-Lassens.

Versuchen Sie, nicht ungeduldig zu werden, wenn sich während der Meditation immer wieder störende Gedanken, Vorstellungsbilder und Phantasien einschleichen. Akzeptieren Sie ihr Erscheinen – nehmen Sie sie zur Kenntnis, ohne sie zu werten und ohne sie zu verfolgen. Gehen Sie beharrlich und geduldig wieder zu Ihrer Übung zurück, ohne diese Bilder „mit Gewalt" zu unterdrücken. Seien Sie immer freundlich und sanft mit sich selbst, zwingen Sie sich zu nichts – Meditation soll immer Spiel bleiben.

Es ist gut möglich, daß während der Meditation Zustände von größten Glücksgefühlen auftreten oder plötzliche „Erleuchtungs-Blitze", in denen auf einmal alle Fragen beantwortet scheinen, oder auch die beglückende Erfahrung des Verbundenseins mit allen Wesen und der Schöpfung.

Treten solche Erfahrungen aber lange Zeit nicht auf, seien Sie nicht enttäuscht und versuchen Sie nicht, sie willentlich herbeizuführen. Alle Aktivität wirkt sich nur störend aus.

b) Der Zeitpunkt

Am besten meditieren Sie, wenn Sie nicht müde sind; sonst besteht die Gefahr, statt zu meditieren nur zu dösen oder auch schnell einzuschlafen. Und wenn Sie immer die gleiche Tageszeit wählen, können Körper und Geist sich am besten auf die Meditation einstellen – es wird Ihnen immer leichter fallen, sich zu entspannen und umzuschalten.

Sie sollten zu diesem Zeitpunkt auch weder Hunger verspüren noch durch einen vollen Magen belastet sein. Halten Sie alle körperlichen Ablenkungen so gering wie möglich. Dazu gehört auch bequeme Kleidung, die Sie nirgends einengt und die Sie warm genug hält, wenn Sie sich längere Zeit nicht bewegen.

c) Der Ort

Wählen Sie einen Raum, in dem Sie sich wirklich wohlfühlen. Nehmen Sie sich Zeit herauszufinden, welche Ecke oder welcher Platz in diesem Raum Ihnen am sympathischsten ist und meditieren Sie – vor allem zu Anfang – dann möglichst immer an diesem Platz.

Sorgen Sie dafür, daß Sie nicht gestört werden (evtl. Telefon und Türklingel abschalten). Es ist hilfreich, wenn Sie den Raum verdunkeln können – vielleicht zünden Sie sich auch eine Kerze an. Die Atmosphäre sollte wohltuend und entspannend wirken, um Sie auf die Meditation einzustimmen.

Ein immer gleichbleibendes Ritual zu Beginn kann dabei auch eine große Hilfe sein. So könnten Sie sich zum Beispiel kurz in die Betrachtung eines Bildes vertiefen, daß Sie nur zu diesem Zeitpunkt hervorholen, oder Sie hören einen bestimmten Musikausschnitt, legen ein besonderes Schmuckstück an etc. Dies ist besonders zu Anfang sinnvoll, wenn es für unseren Geist noch nicht Gewohnheit geworden ist, das rationale Denken auszuschalten und sich dem Moment zu überlassen.

d) Die Körperhaltung

Sie sollten sich wohlfühlen in Ihrer Körperhaltung – probieren Sie ruhig ein wenig herum, um die für Sie optimale Haltung herauszufinden. Von entscheidender Wichtigkeit ist, daß die Wirbelsäule gerade bleibt.

Zum Beispiel können Sie sich hinknien und auf Ihren Fersen sitzen, wobei der Oberkörper entspannt aufgerichtet ist.

Oder Sie setzen sich gerade auf einen Stuhl, ohne sich anzulehnen, stellen die Füße parallel auf den Boden und legen die Hände auf die Oberschenkel.

Sie können auch auf dem Rücken liegend meditieren – auf einer nicht zu weichen Unterlage; hierbei ist allerdings die Gefahr des Einschlafens besonders groß.

Die klassische Meditations-Haltung: Der Lotos-Sitz

EINIGE GANZ PERSÖNLICHE FRAGEN

Bevor wir uns im zweiten Teil des Buches konkreteren praktischen Übungen zuwenden, sollten Sie an dieser Stelle innehalten, um sich einmal einige grundsätzliche Gedanken zu machen und sich über Ihre Erwartungshaltung klarzuwerden. Die Möglichkeiten dieses Buches können Sie nur dann voll nutzen, wenn Sie wissen, was Sie wollen, und sich Klarheit über Ihre Motivation verschaffen und über Ihre Bereitschaft, den Anregungen zu folgen.

Vielleicht sind wir mit unseren Gedankengängen weiter gegangen, als Sie es vermutet hatten. Vielleicht geht einiges Ihnen ja auch sogar zu weit. Versuchen Sie herauszufinden, wie weit – und vor allem auch warum – Sie der Thematik folgen möchten.

Nehmen Sie sich Zeit zur Beantwortung der auf den nächsten Seiten folgenden Fragen – die Gedanken, die Ihnen dabei kommen, werden sehr hilfreich sein für Ihren weiteren Weg.

1) Was war für mich die ursprüngliche „Triebfeder", mich mit dem vorliegenden Thema auseinanderzusetzen?

....

....

....

....

2) Was habe ich mir von diesem Buch erhofft?

....

....

....

3) Inwieweit stimmen die Ausführungen mit meiner Erwartung überein?

....

....

....

....

4) Was hatte ich mir anders vorgestellt?

....

....

....

....

5) Von welchen Themenkreisen des Buches fühle ich mich angesprochen?

....

....

....

....

....

Warum?

....

....

....

....

6) Was interessiert mich nicht oder geht mir zu weit?

....

....

....

....

....

Warum?

....

....

....

7) Welche Bereiche könnten für mein Leben eine wirkliche Bedeutung gewinnen?

....

....

....

....

....

8) Womit bin ich unzufrieden in meinem Leben?

....

....

....

....

....

9) Was möchte ich dagegen unternehmen?

....

....

....

....

....

10) Welche Schwierigkeiten sind dabei zu überwinden?

....

....

....

....

....

11) Welche Erfahrungen in der Richtung, die das Buch aufzeigt, habe ich selbst schon gemacht?

positiv:

....

....

....

negativ:

....

....

....

12) Welche Erfahrungen möchte ich gern noch machen?

....

....

....

....

....

....

....

13) Welche Voraussetzungen muß ich schaffen, um diese Erfahrungen machen zu können?

....

....

....

....

....

....

....

....

Mein Lieblingszitat aus dem bisherigen Text:

....
....
....
....
....
....
....
....
....
....

Was genau spricht mich daran an?

....
....
....
....
....
....
....
....

Was hat es mit meinem ganz persönlichen Leben zu tun?

....
....
....
....
....
....
....
....
....
....

Weitere persönliche Notizen:

PRAKTISCHE ÜBUNGSANLEITUNGEN

Auf den folgenden Seiten haben wir zahlreiche Übungen zusammengestellt, die im Prinzip alle das gleiche Ziel verfolgen: Sie sollen es Ihnen erleichtern, aus dem Teufelskreis der täglichen Hetze, des Sorgens und Grübelns, des verkrampften Wollens und Wünschens auszusteigen, und Ihrem Geist dabei helfen, zur Ruhe zu finden.

Es sind verschiedenartige Ansätze, die Sie bitte als Angebot verstehen – es ist nicht gemeint, daß Sie alle diese Übungen der Reihe nach „absolvieren". Schon beim Durchlesen werden Sie spüren, welche Ihren ganz persönlichen Wünschen am besten entsprechen. Gehen Sie spielerisch mit unserem Angebot um – erweitern und variieren Sie es nach Ihren Vorstellungen.

Und vor allem: Erwarten Sie zu Anfang nicht zuviel. Zerstören Sie nicht durch eine zu hohe Erwartungshaltung, die schon die Frustration in sich trägt, den langfristigen Erfolg Ihrer Bemühungen! Versuchen Sie, einfach geschehen zu lassen und akzeptieren Sie, was geschieht.

Übung 1

Sie befinden sich entspannt in Ihrer Sitzhaltung und beobachten eine Zeitlang Ihren Atemrhythmus, ohne ihn zu beeinflussen. Sie richten Ihr Bewußtsein auf den Atem; Sie spüren, wie „es Sie atmet".

Nun lassen Sie Ihre Atemzüge unmerklich tiefer werden und konzentrieren sich auf die Länge des Ein- und Ausatmens – das Ein- und Ausatmen sollte genau die gleiche Zeit in Anspruch nehmen, und es sollte ganz ohne Pause ineinander übergehen.

Zählen Sie beim Einatmen 1 – 2 – 3 – 4 – 5 – 6 – 7 – 8 – 9 – 10 , und beim Ausatmen im genau gleichen Rhythmus wieder. Durch die Konzentration auf das Zählen „binden" Sie Ihr Bewußtsein und halten es davon ab, ziellos herumzuwandern.

Bald wird sich dieser Prozeß automatisieren – Sie erleben sich selbst dann als Zuschauer, als Beobachter: Sie „lassen geschehen", wie es in Ihnen in harmonischem Rhythmus zählt und atmet.

Sie sind still geworden.

Übung 2

Sie sitzen auf den Fersen, im Schneidersitz oder aufrecht auf einem Stuhl. Atmen Sie bewußt tief und ruhig und versuchen Sie, Ihre Muskeln zu lockern. Schließen Sie die Augen und lenken Sie Ihr Bewußtsein auf den Raum zwischen den Augenbrauen.

Nun verschließen Sie mit dem Zeigefinger der rechten Hand Ihr linkes Nasenloch. Atmen Sie durch das rechte Nasenloch tief ein und halten Sie den Atem kurz an. Öffnen Sie dann das linke Nasenloch und verschließen Sie das rechte mit dem Daumen der rechten Hand. Atmen Sie durch das linke Nasenloch aus.

Nun atmen Sie durch das gleiche (das linke) Nasenloch wieder tief ein, halten den Atem kurz an, verschließen es wieder mit dem Zeigefinger und atmen durch das rechte Nasenloch aus.

Wiederholen Sie diese Übung einige Minuten lang – sie wirkt außerordentlich entspannend, und wenn Sie sich vorher schlapp und ausgelaugt fühlen, gibt sie Ihnen Energie zurück.

Übung 3

Konzentration auf ein Mantra

Ein Mantra ist ein Wort ohne äußeren Sinngehalt – vorzugsweise mit dunklen Vokalen, wie z.B. ohm, mano, dana, namon etc. Dieses Wort wird während der Meditation im Atemrhythmus gedacht.

Sie sitzen oder liegen entspannt, lockern die Muskeln und beobachten Ihren Atem. Konzentrieren Sie sich nun völlig auf das von Ihnen gewählte Mantra – lassen Sie Atem und Mantra wie von selbst geschehen. Wenn ein anderer Gedanke auftaucht, lassen Sie ihn vorüberwandern. Geben Sie einfach Ihrem Mantra den Vorzug.

Versuchen Sie, jegliche Aktivität aufzugeben: Ruhig und entspannt fließt die Luft ganz von selbst ein – und ganz von allein geht sie wieder. Sie sind nur Beobachter. Nach einiger Zeit schwingt auch das Mantra in Ihnen ganz selbständig im Kommen und Gehen Ihres Atems. Beobachten Sie, wie es sich verändert – es wird voller oder feiner, lauter oder leiser.

Nach einigem „Training" werden Sie soweit sein, daß Ihr Bewußtsein ohne Bewußtseinsinhalt existiert. Mantra, Atem und Bewußtsein befinden sich in harmonischen Schwingungen, in wunderbarer Stille.

Übung 4

Sie liegen entspannt auf dem Rücken – die Beine sind leicht gespreizt, die Arme liegen neben dem Körper. Haben Sie das Gefühl, wie ein Kuchenteig auf dem Boden ausgerollt zu sein – Sie liegen ganz lang, breit und schwer auf Ihrer Unterlage.

Nehmen Sie wahr, wie die einzelnen Körperteile schwer auf dem Boden liegen: Der Schultergürtel, der obere Rücken, das Becken, das Gesäß, die Oberschenkel, die Unterschenkel, die Fersen – Ihre Beine sind warm, weich und schwer . . . ganz warm, weich und schwer – Ihr Kopf liegt völlig entspannt da – der Haarboden ist locker – Ihre Augen liegen tief in den Höhlen, die Lider schwer darüber – die Haut an den Wangen hängt locker herunter – die Lippen sind ganz weich – die Zunge ist schwer – der Unterkiefer hängt.

Wenn Sie sich auf diese Weise körperlich ganz entspannt haben, lassen Sie in sich das Bild eines Kornfeldes entstehen. Ein leichter Wind kommt auf, und das Kornfeld wogt im Wind hin und her. Halten Sie dieses Bild fest: Im Rhythmus Ihres Atems wogt das Feld hin und her, hin und her.

Wenn das Bild verblaßt und Sie „auftauchen", machen Sie einige bewußte, tiefe Atemzüge, bewegen die Zehen und Finger, kreisen mit Händen und Füßen, recken und strekken sich. Dann öffnen Sie die Augen und sind wieder ganz im Hier und Jetzt.

Übung 5

Sie liegen auf einer nicht zu weichen Unterlage entspannt auf dem Rücken – die Beine leicht gespreizt, die Arme neben dem Körper.

Sagen Sie sich: „Ich bin vollkommen ruhig und entspannt – ganz ruhig – nichts kann meine Ruhe stören – die Ruhe umgibt mich wie ein schützender Umhang – ich fühle mich vollkommen wohl."

Beobachten Sie den gleichmäßigen Rhythmus Ihres Atems, verfolgen Sie, wie er beständig in Ihren Körper ein- und ausströmt, ein und aus . . . ein und aus . . .

Lassen Sie vor Ihrem inneren Auge einen wunderschönen Sandstrand entstehen. Sie liegen an einem klaren Sommermorgen wunderbar friedlich ganz allein auf diesem Strand. Malen Sie sich einige Details aus: Kreisende Möwen, das Rauschen der Brandung etc. Fühlen Sie sich wohl und geborgen in dieser herrlich ruhigen Umgebung.

Nun geht die Sonne auf – tiefrot und groß – alles wirkt jetzt wie in goldenes Licht getaucht – und dieses Licht durchströmt auch Ihren Körper.

Die Sonne steigt höher, erwärmt den Sand und Ihren ganzen Körper. Ihr rechtes Bein wird von ihren Strahlen durchflutet – es wird warm und schwer. Sie spüren, wie Ihr rechtes Bein erwärmt wird – es wird ganz warm und schwer. Die Sonnenstrahlen durchfluten auch Ihr linkes Bein, bis es ganz warm und schwer auf dem Sand liegt – warm und schwer liegt Ihr linkes Bein auf dem Sand. Nun geschieht das Gleiche mit Ihrem rechten Arm – Ihrem linken Arm – Ihr ganzer Körper ist durchströmt von der Sonnenwärme – warm, locker und ganz schwer liegen Sie auf dem weichen, warmen Sand. Sie genießen dieses Gefühl der Schwere, der Entspannung, des Friedens. Ein sanfter, kühler Wind streicht über Ihre Stirn.

Lenken Sie nun Ihre Aufmerksamkeit auf das Rauschen der Wellen, auf das Auf und Ab der Brandung. Die Wellen kommen und gehen im Rhythmus Ihres Atems. Sie kommen und gehen . . . kommen und gehen . . .

Mit jedem Ausatmen sinken Sie tiefer in die Entspannung, alle Spannungen werden von den Wellen davongetragen; immer umfassender wird das wohlige Gefühl absoluter Ruhe und Harmonie.

Mit jedem Einatmen nehmen Sie die Reinheit und die Kraft des Meeres in sich auf. Überlassen Sie sich völlig diesem Auf und Ab der Wellen, dem Strömen der Harmonie in Ihnen. Forcieren Sie nichts – lassen Sie einfach geschehen . . .

Wenn das Bild in Ihnen zu verblassen beginnt, machen Sie einen tiefen Atemzug, spannen Füße, Hände, dann Arme und Beine an; strecken und recken Sie sich, öffnen Sie die Augen, richten sich auf – und sind wieder ganz im Hier und Jetzt.

Übung 6

Sie sitzen in Ihrer entspannten, aufrechten Meditations-Haltung. Sie schließen die Augen und konzentrieren sich einige Minuten lang auf Ihren Atemrythmus – Sie greifen nicht ein; Sie beobachten nur, wie Ihr Atem kommt und geht, kommt und geht . . . Versuchen Sie, alles loszulassen, nichts zu wollen; lassen Sie geschehen, was immer geschieht.

Ganz behutsam lassen Sie dann ein angenehmes Gefühl in sich entstehen – ein Gefühl der Ruhe, des Friedens, der Harmonie – vielleicht stellen Sie sich dieses Gefühl vor wie ein warmes Licht, das Ihren Körper durchströmt. Das Licht verbreitet sich in Ihrem ganzen Körper, in den Extremitäten, im Oberkörper, im Unterleib, im Kopf. Jede einzelne Zelle Ihres Körpers wird durchströmt von diesem Licht der Ruhe, des Friedens, der Harmonie.

Nach einer Weile öffnen sich alle Ihre Poren, und das Licht beginnt, durch Ihre Haut in den Raum zu strömen – es ist unendlich – es füllt den ganzen Raum mit wunderbarer Harmonie.

Überlassen Sie sich diesem Gefühl, eingebettet zu sein in vollkommene Ruhe, durchströmt zu werden von Glück und Frieden. Spüren Sie, wie wunderbar es ist, einfach nur da zu sein und ein Teil zu sein von der allumfassenden Harmonie der Schöpfung. Freuen Sie sich über dieses Erlebnis, werden Sie ein Teil des Ganzen. Überlassen Sie sich ganz diesem Gefühl, genießen Sie es; seien Sie einfach nur da – ohne Gedanken, ohne Wünsche, nur vollkommen erfüllt von diesem Augenblick.

Übung 7

Bei dieser Übung werden zunächst einzelne Muskelpartien für kurze Zeit ganz fest angespannt – fast bis zur Schmerzgrenze – und dann losgelassen, um so zu einer besonders tiefen körperlichen Entspannung zu gelangen.

Sie sitzen aufrecht auf einem Stuhl oder liegen auf dem Rücken. Die Augen sind geschlossen, der Atem strömt ruhig ein und aus. Ballen Sie nun die rechte Hand zur Faust – fest – ganz fest – und loslassen. Spannen Sie dann den rechten Unterarm an – ganz fest anspannen – und loslassen. So fahren Sie weiter mit dem rechten Oberarm, linke Hand, linker Arm, rechter Fuß, rechte Wade, rechter Oberschenkel, linker Fuß, linke Wade, linker Oberschenkel, Gesäß, Schultergürtel, Nacken. Spüren Sie, wie Ihr ganzer Körper sich dann der wohligen Entspannung überläßt – genießen Sie diesen Zustand.

Langsam entsteht in Ihnen das Bild eines weiten, hohen Raumes, der durchflutet ist von einem schönen, roten Licht – der ganze Raum ist angefüllt mit der Farbe Rot. Alle Gedanken in Ihnen sind unwichtig – sie ziehen vorüber. Ihr Geist entspannt sich.

Vor Ihrem geistigen Auge sehen Sie eine breite, einladende Rolltreppe, die nach unten führt. Sie besteigen diese Rolltreppe, fahren tiefer und betreten einen neuen, wunderschönen Raum – durchflutet von der Farbe Orange. Ganz deutlich nehmen Sie das schöne Licht dieses Raumes wahr. Sie sehen die Farbe deutlich vor sich. Alle Ihre Gedanken beginnen, sich aufzulösen, Ihr Geist wird klar und ruhig.

Auch von diesem Raum aus führt eine Rolltreppe noch weiter nach unten. Sie fahren auf dieser Treppe tiefer und tiefer in die Entspannung.

Der nächste Raum ist erfüllt von einem warmen goldgelben Licht. Überlassen Sie sich diesem Licht, genießen Sie es. Spüren Sie, wie Sie sich mehr und mehr entspannen.

Die Rolltreppe dieses Raumes führt Sie in einen grünen Raum. Wohltuend und beruhigend wirkt die Farbe Grün auf Sie ein. Sie lassen alles los und sind vollkommen entspannt.

Gern überlassen Sie sich der nächsten Treppe, die Sie tiefer hinunter in einen blauen Raum führt. Sie denken und wollen nun nichts mehr. Sie spüren eine wunderbare Stille und Harmonie in sich.

Sie besteigen die nächste Rolltreppe und lassen sich noch weiter hinuntergleiten in einen von lila Licht erfüllten Raum. In Ihnen herrscht nun vollkommene, wohltuende Ruhe.

Noch ein letztes Mal geht es jetzt tiefer – Sie betreten den violetten Raum. Er strahlt in einem samtenen, dunklen Violett. Überlassen Sie sich nun der vollkommenen Stille Ihres inneren Wesens. Sie sind völlig ruhig; alles Denken hat ein Ende gefunden. In diesem Raum genesen Ihr Geist und Körper und schöpfen neue Kraft.

Sie sind nun eins mit Ihrem wahren Selbst.

Langsam verblassen dann die Bilder in Ihnen. Atmen Sie tief durch, bewegen Sie Hände und Füße. Ballen Sie die Hände zu Fäusten und spannen Sie Ihre Zehen an. Recken und strecken Sie sich, öffnen Sie die Augen und richten Sie sich auf.

Sie fühlen sich vollkommen frisch und erholt.

Übung 8

Sie sitzen im Fersen- oder Schneidersitz auf dem Boden. Vor Ihnen liegt das Blatt eines Baumes (oder ein anderer Gegenstand, mit dem Sie wie in der folgenden Übung beschrieben verfahren können). Sie entspannen sich und richten Ihr Bewußtsein ausschließlich auf dieses Blatt. Erfassen Sie Farbe und Form, verfolgen Sie die kleinen Äderchen.

Wenn Sie gedanklich abschweifen wollen, kehren Sie geduldig immer wieder zurück zu Ihrer Betrachtung des Blattes.

Stellen Sie sich vielleicht den Baum vor, zu dem dieses Blatt gehört, lassen Sie ihn ganz deutlich vor Ihrem inneren Auge erscheinen – mit vielen Einzelheiten. Vielleicht befindet sich in den Zweigen ein Vogelnest, oder es gibt Blüten oder Früchte. Imaginieren Sie eine bestimmte Jahreszeit. Gehen Sie ganz in Ihre Vorstellung hinein – vielleicht rauscht der Wind in den Blättern, oder die Sonne scheint wohltuend und kraftspendend auf Ihren Baum.

Gehen Sie immer weiter, überlassen Sie sich Ihren Bildern. Werden Sie selbst zu dem Baum, spüren Sie Wind, Sonne und die Vögel in Ihren Ästen.

Aber erwarten Sie nichts – lassen Sie geschehen.

Und tauchen Sie behutsam wieder auf: Tief atmen, Arme und Beine anspannen, sich strecken und wieder ganz ins Hier und Jetzt zurückkommen.

Übung 9

Sie liegen auf dem Rücken. Entspannen Sie sich, schließen Sie die Augen, atmen Sie ganz ruhig. Stellen Sie sich vor, wie Sie bei jedem Einatmen Entspannung ein- und bei jedem Ausatmen Spannung ausatmen. Fühlen Sie, wie es Sie atmet. Seien Sie ganz passiv.

Gehen Sie gedanklich alle Körperteile durch – sagen Sie sich: Arme und Hände, Beine und Füße sind ganz lokker, weich und warm. Das Becken ist vollkommen gelöst. Der Bauch hebt und senkt sich entspannt bei jedem Atemzug. Brust und Schultern sind locker und weich. Das Gesicht ist ganz entspannt, die Stirn glatt und kühl, Lippen weich, die Zunge ist schwer, der Unterkiefer hängt.

Alles Äußere ist vollkommen unwichtig, Sie sind eingehüllt in wohltuende Ruhe. Nichts kann Sie jetzt stören.

Und nun gehen Sie auf eine imaginäre Reise:

Sie liegen auf einer Waldlichtung, auf einer wunderschönen Wiese – die Sonne wärmt angenehm – Insekten summen – Sie fühlen sich ganz wunderbar wohl und entspannt – nichts auf der Welt interessiert Sie in diesem Augenblick – in diesem Moment sind Sie nur auf der Wiese, nirgends sonst.

Am Himmel ziehen kleine weiße Wolken vorüber. Sie verfolgen die Wolken mit den Augen ein kleines Stück ihres Weges. Wenn ein Gedanke auftaucht, lassen Sie ihn ziehen wie diese kleinen Wolken. Leicht und luftig verschwinden Ihre Gedanken – wie weiße Wolken am Sommerhimmel.

Sie stehen auf und laufen barfuß über die Wiese – Sie spüren das Gras angenehm unter Ihren Füßen – Sie fühlen sich vollkommen wohl.

Nun gehen Sie durch einen kleinen, lichten Wald und kommen an einen herrlich klaren See. Sie legen Ihre Kleider ab – und mit Ihren Kleidern lassen Sie auch alle Ihre Sorgen und Probleme am Seeufer von sich abgleiten. Sie schwimmen durch den See, und während Sie schwimmen, erfrischt das Wasser Sie auf wunderbare Weise – es spült alles Unangenehme, alle Spannungen, alle negativen Erinnerungen ab. Alles wird abgewaschen.

Am anderen Seeufer finden Sie eine Quelle – es ist die Quelle der Kraft. Sie beugen sich herunter, trinken von dem erfrischenden, klaren Wasser und spüren, wie die Kraft dieses Wassers Ihren Körper durchströmt. Das Wasser erfrischt und belebt jede Zelle Ihres Körpers. Diese Kraft wird Sie nie mehr verlassen.

Nun gehen Sie zurück zu Ihrer Wiese und lassen sich von der Sonne trocknen. Ein sanfter Wind streicht über Ihre Stirn. Sie sind glücklich, fühlen sich erfrischt, gestärkt und vollkommen entspannt. Sie ruhen sich aus, sind ganz passiv. Sie genießen es, einfach dazuliegen, nichts tun zu müssen.

Langsam tauchen Sie dann auf die schon beschriebene Weise wieder auf, sind vollkommen frisch und erholt.

Ihre Reise kann auch einen ganz anderen Verlauf nehmen – zum Beispiel können Sie mit einem Heißluftballon oder einem Flugdrachen auf eine Flugreise gehen – dabei empfinden Sie das Losgelöst-Sein von der Erde, das Schweben, das Leicht-Werden. Sie fühlen sich unendlich frei, gelöst und im wahrsten Sinne des Wortes „über den Dingen".

Lassen Sie Ihrer Phantasie freien Lauf – überlassen Sie sich Ihrer Reise – sehen Sie vor Ihrem inneren Auge ganz deutlich die Landschaften, die Dörfer oder Städte, die Sie überfliegen. Überlassen Sie sich ganz Ihren Gefühlen der Freiheit und Schwerelosigkeit.

Ihre eigene Übung

STILLE IM ALLTAG

Auch ohne uns bewußt zum Meditieren zurückzuziehen, können wir uns im ganz normalen Alltag öfter „Inseln der Stille" schaffen, als wir meist annehmen. Wirkliche Ruhe empfinden können wir zum Beispiel dann, wenn wir Musik hören. Ja, natürlich, das klingt wie ein Pradoxon; und in den meisten Fällen ist es das auch: Beim morgendlichen Einschalten des Radios ganz bestimmt. Aber es gibt auch eine andere Art, Musik zu hören, ein wirkliches Hinhören, ein Sich-Versenken in die Klänge, das einem meditativen Zustand gleichkommen kann.

„Der Ton, jeglicher Ton, entspringt der Stille und kehrt wieder in sie zurück. Durch die innere Stille, die er auslöst, kann uns der harmonische Klang Zutritt zu höheren Seinszuständen verschaffen. In der Antike sah man die Musik als eines der geeignetsten Mittel an, um mit den Göttern in Verbindung zu treten." (Marc de Smedt)

Es kommt auch hier darauf an, sich auf das zu konzentrieren, was man gerade tut. Versuchen Sie doch einmal, einer Schallplatte wieder richtig zuzuhören. Legen Sie sie nicht als „Background-Musik" auf, sondern richten Sie Ihr Bewußtsein vollständig auf die Klänge und Harmonien. Tauchen Sie ein in die Töne, hören Sie wieder einmal richtig zu – Sie werden sehen, wie wohltuend entspannend und erfrischend dieses Erlebnis auf Sie wirkt.

Oder entscheiden Sie öfter, statt fernzusehen lieber ein Buch zu lesen. Im Gegensatz zu einem Beitrag im Fernsehen läuft das Buch nicht ohne Ihr Zutun vor Ihnen ab – Sie müssen sich konzentrieren, Ihr Bewußtsein wird „gefesselt". Sie können hineintauchen in die Gedanken, sie festhalten, reflektieren – Ihre Umwelt darüber vollkommen vergessen.

Ein Buch zwingt zu Konzentration und Versenkung – es „bündelt" Ihre Gedanken auf seine Thematik, und Sie verlassen für eine Zeitlang Ihren hektischen Tageslauf.

Vom „bewußten" Spanzierengehen war schon zu Anfang unserer Ausführungen die Rede. Verallgemeinernd könnte man sagen, daß jedes konzertrierte, bewußte Tun einen Schritt weg von Stress und Hektik bedeutet. Versuchen Sie, mit den Gedanken möglichst bei dem zu sein, was Sie gerade tun – wenn Sie zum Beispiel in einer Discothek tanzen, dann tanzen Sie. Seien Sie ganz und gar dort, überlassen Sie sich dem Tanz; lassen Sie Ihre Sorgen über den morgigen Arbeitstag nicht Besitz von Ihnen ergreifen. Tanzen Sie – mit Ihrem Körper und mit Ihrem Bewußtsein – dann wird sich sogar ein Abend in lauter Umgebung wohltuend auswirken können, weil Sie es fertiggebracht haben, Ihre Gedanken zur Ruhe zu bringen.

Probieren Sie es doch gleich morgen einmal aus: Richten Sie Ihr Bewußtsein immer voll auf das, was Sie im Moment gerade tun. Sie waschen die Hände – nehmen Sie bewußt die Temperatur des Wassers wahr, die Beschaffenheit des Handtuchs etc. Oder bleiben Sie beim Essen mit Ihren Sinnen beim Essen – sehen und schmecken Sie ganz aufmerksam und bewußt. Sie werden staunen, wie schwer es Ihnen zu Anfang fällt, die kreisenden Gedanken im Zaum zu halten und auf die gerade stattfindende Handlung zu richten – versuchen Sie es immer wieder – es lohnt sich. Denn das Leben besteht ja aus einer Aneinanderreihung von Momenten. Wenn ich also jeden Moment des Lebens bewußt lebe, wenn ich jeden Moment erfülle, dann habe ich mein Leben erfüllt.

Vielleicht sind Ihnen beim Lesen dieser Vorschläge eigene Ideen gekommen, wie Sie sich immer wieder „Inseln der Ruhe" im Alltag verschaffen können – notieren Sie sie gleich auf der nächsten Seite – solche Impulse geraten nur allzu leicht in Vergessenheit!

Und nun wünschen wir Ihnen zum Abschluß stille, friedliche Zeiten, aus denen Ihnen immer mehr und mehr Lebenskraft und Harmonie erwachsen wird!

Ihre „Inseln der Ruhe"

Unser gewohntes Denken ist ein dichter Schleier über dem schönen Anblick der Gottheit in uns.

Heben wir diesen Schleier ein wenig, indem wir das Bewußtsein zur Ruhe kommen lassen, dann entdecken wir eine Fülle von Schönheit, die wir nie wieder vergessen können.

Paul Brunton

MEINE PERSÖNLICHEN ERFAHRUNGEN IM 10-WOCHEN-TRAININGS-PROGRAMM

Machen Sie sich ein „Geschenk für sich selbst": Zweimal täglich eine kurze Ruhe- und Stillezeit! Wählen Sie Ihre „Lieblingsübung" und notieren Sie wöchentlich Ihre positiven Erfahrungen auf den nächsten Seiten.

Als Gedankenanregung finden Sie für jede Woche ein Zitat aus der „Neuen Lebensschule" von K. O. Schmidt (siehe auch Literaturverzeichnis Seite 113).

Viel Freude und Erfolg dabei!

Meine persönlichen Erfahrungen in der ersten Woche:

Um die Dinge zu meistern, müssen wir sie lieben.
Die Vergangenheit können wir nicht ändern, aber die
Gestaltung der Zukunft liegt in unserer Hand.

Meine persönlichen Erfahrungen in der zweiten Woche:

Der erste Augenblick des neuen Tages ist entscheidend für die Stimmung aller kommenden Stunden dieses Tages.

Meine persönlichen Erfahrungen in der dritten Woche:

Wer seinen Tag bewußt verbringt, hat den Tag, und nicht der Tag ihn. Er wird nicht mehr gelebt, sondern er lebt sein Leben.

Meine persönlichen Erfahrungen in der vierten Woche:

Das Verhalten der Dinge zu uns ist durch unser Denken bestimmt. Wir können nichts herbeiziehen, was nicht in uns seine Entsprechung hat.

Meine persönlichen Erfahrungen in der fünften Woche:

Alle Mittel, deren wir zum Neubau unseres Lebens bedürfen, sind in uns, wir haben es nicht nötig, irgendwo Anleihen zu machen.

Meine persönlichen Erfahrungen in der sechsten Woche:

Unser Leben ist ein Garten.
Die Verhältnisse sind die Bäume, Sträucher und Blumen.
Der Gärtner sind wir selbst.

Meine persönlichen Erfahrungen in der siebten Woche:

Das Vertrauen auf die Kraft in uns ist der innere Führer, der uns dorthin leitet, wo das vollkommene Leben sich entfalten kann.

Meine persönlichen Erfahrungen in der achten Woche:

Das Leben selbst setzt vor die Lebensmeisterung die Selbstbemeisterung. Wir werden von nun ab Glück und Erfolg nicht mehr von außen her erwarten, sondern aus uns selbst heraus schaffen.

Meine persönlichen Erfahrungen in der neunten Woche:

Daß wir hier stehen –
in diesem Leben, in dieser Zeit, an dieser Stelle –
ist eine Forderung des Weltengeistes an uns, unsere Mission
zu erkennen und sie hier und jetzt zu erfüllen.

Meine persönlichen Erfahrungen in der zehnten Woche:

Man mag auch das kleinste Werk
im Lichte der Ewigkeit verrichten.
Wer die Kraft in sich bejaht, bejaht zugleich sein Einssein
mit dem Geist des Lebens.

ANHANG

Kreative Anregungen für „Stille Minuten"

1. Den Augenblick erfüllen

Wir nutzen die Chance, die uns das Leben bietet, am besten, wenn wir wirklich jeden Augenblick erfüllen. Das heißt, ganz bewußt sein. Wahrnehmen, was jetzt ist. Die Aufgabe erkennen, die uns das Leben jetzt stellt, die Chance, die es uns gerade in diesem Augenblick bietet, aber auch das Geschenk, das es uns jetzt machen möchte. Das Lächeln eines Kindes, das Vertrauen eines Freundes oder eine Erkenntnis. Auch in einer Schwierigkeit, in einem Problem das Geschenk erkennen, denn das Schicksal will uns nur dienen und helfen. Dieser Augenblick ist aber gleich endgültig vorbei und kommt nie mehr wieder, also nutze ich ihn ganz bewußt.

2. Meine Aufgabe erkennen

Ich bin mit einer bestimmten Absicht in dieses Leben gekommen. Dafür bin ich bestens vorbereitet und habe alle Voraussetzungen mitgebracht, die ich dazu brauche. Also nehme ich wahr, was das Leben von mir will, anstatt nur immer zu fragen, was ich vom Leben will. Ich erkenne meine Aufgabe, meinen Weg und mein Ziel, nehme sie an und erfülle sie.

3. Selbstverwirklichung

Ich erkenne mein wahres Selbst und lasse seine Vollkommenheit durch mich wirken. Ich erkenne, daß Selbstverwirklichung nicht ist, zu tun, wozu ich gerade Lust habe, denn dann bin ich nur der Sklave meiner Lust; sondern ich übergebe meinem wahren Selbst die Herrschaft über mein ganzes Tun und Sein und verwirkliche so wahre Selbstbeherrschung. Ich entwickle mich, damit sich mein wahres Selbst entfalten kann, und mein Leben spiegelt mein Sein wieder.

Der Weg zu sich SELBST

Vorbild

Zuerst suche ich ein Vorbild, das ich verehre; dessen Eigenschaften ich zu erkennen, zu begreifen suche.

Imitation

Nachdem ich mein Vorbild erkannt habe, beginne ich es zu imitieren, zu kopieren und nachzuahmen.

Identifikation

Durch das Imitieren meines Vorbildes nähere ich mich ihm immer mehr, werde immer ähnlicher, indem ich mich mit ihm identifiziere, bis ich gleich geworden bin.

Über das Vorbild hinauswachsen

Während der Identifikation erkenne ich, daß nicht alle Teile meines Vorbildes mir Vorbild sein können. Daraus erkenne ich, welche Teile anders sein sollten, und erkenne auch, wie sie sein sollten. So wächst ich allmählich mein Vorbild in mir.

Zu sich finden

Allmählich erkenne ich, daß auch nicht alles Gute in meinem Vorbild mir entspricht, daß es zwar gut ist, aber mit meinem wahren Sein nicht übereinstimmt. So ändere ich mich weiter und werde mehr und mehr der, der ich wirklich bin.

Zu Gott finden

Indem ich immer mehr ich Selbst geworden bin, erkenne ich immer klarer auch, wie ich gemeint bin, wie ich eigentlich sein sollte, und ich verwirkliche immer mehr die Vollkommenheit meines „Wahren Selbstes", also Gott, der immer vollkommener in mir und durch mich wirkt.

Der *MATERIALIST*

Er glaubt nur, was er mit seinen begrenzten Sinnen wahrnimmt, oder was „wissenschaftlich" erwiesen ist. Er glaubt daher, ein Realist zu sein. Er „weiß", daß sein Leben mit der Geburt begann und mit dem Tod endet. Er interessiert sich für sein Vergnügen, für Geld und Macht. Er liebt das Leben, ist aber unfähig, wahres Glück zu erleben, obwohl er stets danach sucht.

Der *POSITIVE DENKER*

Er entdeckt die Macht des positiven Denkens und verändert und verbessert dadurch seine Lebensumstände. Er mehrt seinen Wohlstand, verbessert seine Gesundheit und ist meist mit sich und der Welt zufrieden.

Der *SOZIALE MENSCH*

Sein soziales Gewissen ist erwacht, und ihm liegt vor allem das Wohl seiner Mitmenschen am Herzen. Er erkennt seine Aufgabe darin, anderen zu helfen und der Gemeinschaft zu dienen. Jeder, der ihm begegnet, ist sein Nächster, und er liebt seinen Nächsten wie sich selbst.

Der *GEISTIGE MENSCH*

Er erkennt die geistigen Gesetze, die die Materie beherrschen. Durch bewußtes Einsetzen dieser Gesetze gestaltet er sein Leben nach seinen Vorstellungen. Er steuert beliebig

Gesundheit und Wohlstand und strebt danach, seine geistigen Erkenntnisse zu mehren. Er erkennt sich selbst als Hauptaufgabe. Durch die Beherrschung der geistigen Gesetze wird er zum Herrn seines Schicksals.

Der *RELIGIÖSE MENSCH*

Er löst seinen eigenen Willen völlig auf und wird ganz zum Werkzeug des Schöpfers. „Dein Wille geschehe". Er läßt sich von der inneren Stimme führen und erfüllt mit Freude alle Aufgaben, die an ihn herangetragen werden. Er hat keine eigenen Wünsche mehr und will nur noch den Willen seines Schöpfers erfüllen. Er hat kurze Augenblicke der Erleuchtung.

Der *ERLEUCHTETE*

Er lebt ständig in der Erkenntnis der Wirklichkeit. In dienender Liebe hilft er seinen Mitmenschen zu erwachen, indem er sie lehrt, die Wirklichkeit wahrzunehmen. Er ist auf dem Wege, die Verwirklichung seiner Erkenntnisse zu leben.

Der *HEIMGEKEHRTE*

Er lebt in der Verwirklichung der Einheit. „Der Vater und ich sind eins". Er wählt frei seinen Wirkungsbereich und inkarniert freiwillig, wann und wo es der Schöpfung dient. Er lebt ganz in den göttlichen Tugenden und in der Wirklichkeit.

Die geistigen Gesetze

1. Das Gesetz der Harmonie *Das geistige Grundgesetz*

Dieses Gesetz gleicht die verschiedenartigen Wirkungen aus und sorgt so dafür, daß die Harmonie stets erhalten bleibt, oder doch so schnell wie möglich wiederhergestellt wird. Aus ihm lassen sich alle anderen Gesetze ableiten, sie sind in ihm erhalten.

2. Das Gesetz des Karma *Sanskrit – Das Geschaffene*

Jeder Mensch ist Schöpfer, Träger und Überwinder seines Schicksals. Jeder Gedanke, jedes Gefühl und jede Tat ist eine Ursache, der eine Wirkung folgt. Jede Wirkung entspricht in Qualität und Quantität der Ursache. Es gibt daher weder Zufall noch Belohnung oder Strafe, sondern nur Ursache und Wirkung.

3. Das Gesetz der Resonanz *Lateinisch: resonare – zurückklingen*

Gleiches zieht Gleiches an und wird durch Gleiches verstärkt. Ungleiches stößt einander ab. Das Stärkere bestimmt das Schwächere und gleicht es sich an. Angst zieht also an, was wir befürchten. Unser Verhalten bestimmt unsere Verhältnisse.

4. Das Gesetz der Fülle

Jeder kann von der Fülle nur in dem Maße empfangen, wie er selbst zum Kanal wird, durch den die Fülle fließt. Kanal werde ich, indem ich alle, auch unbewußte Gedanken an

Mangel und Begrenzung, auflöse. Denn wer da hat, (diese Erkenntnis) dem wird gegeben, wer da aber nicht hat, dem wird genommen werden.

5. Das Gesetz der Gnade

Es ist das unverlierbare Recht des Menschen, jederzeit aus der Unwissenheit herauszutreten in das Licht der Erkenntnis und sein geistiges Erbe der Vollkommenheit anzutreten, indem er sie in sein Bewußtsein nimmt.

6. Das Gesetz der Vergebung

Wem Du vergibst, was er wider Dich getan hat, dem ist diese Schuld vergeben. In dem Maße, wie wir unseren Schuldigern vergeben, in dem Maße wird auch uns vergeben.

7. Das Gesetz der Entsprechung *Das Analogiegesetz*

Wie oben, so unten, wie innen, so außen, wie im Größten, so im Kleinsten. Für alles was ist, gibt es auf jeder Ebene des Seins eine Entsprechung.

Positives SELBST-BILD

Was ist ein Selbstbild?

Es ist das Bild, das ich von mir selbst habe.

Es kann: Real – ideal – falsch –
überzogen – untertrieben – echt sein.

Es kann aus meinen Vorstellungen –
aus der Meinung anderer oder
aus den Normvorstellungen kommen.

Meistens haben wir ein negatives Selbstbild von uns selbst. Wir haben die Dinge im Bewußtsein, die uns an uns NICHT gefallen.

Woraus entsteht ein Selbstbild?

Aus meiner Meinung / Vorstellung über mich selbst –

Aus der Meinung anderer über mich (ihre Wünsche/Ansprüche)

Hinterfragen: Wie ist es?
Warum ist es so?

Worauf bezieht sich das Selbstbild? (menschlich/beruflich/geistig/spirituell)

Auf meinen Körper / Verstand / Ego / Gemüt . . .? Gesundheitlich/Partnerschaftlich

Woraus beziehe ich mein Selbstbewußtsein? (Ego, Körper, Verstand) bzw. wodurch fehlt es mir? (Weil ich glaube, zu wenig von dem zu haben?)

Wie schaffe ich ein positives Selbstbild?

Indem ich mir bewußt mache: Was mag ich an mir?

Was ist positiv an mir?

Was mag ich an mir nicht? Und warum nicht?

Der Jetzt/Ist-zustand ist nur der Start zu meinem Ideal.

Er ist die Aufforderung – wohin mich das Jetzt führen will.

Was ist scheinbar positiv an mir – oder

ist es nicht das „Negative", das positiv ist? – Es ist mein Sprungbrett!!

Das heißt: Die Einstellung ändern zu scheinbar negativen Eigenschaften.

Erkennen: Das scheinbar Negative ist Aufgabe und Chance.

Schwächen in Stärken umwandeln – Stärken optimal einsetzen.

Erkennen: Ich bin hier, um zu lernen – um Fehler zu machen –

das heißt dankbar sein für die „Fehler" (macht mich aufmerksam, was zu tun ist).

Ich bin nicht hier, um ein Ideal zu leben – sondern um mich zu verwirklichen.

Es ist wichtig, daß ich unvollkommen bin; das erst läßt mich lernen.

Darum sollte ich:

– zu mir stehen – mich annehmen so wie ich bin – mich wert fühlen –

– mich selbst be-„ja"-hen – und mich LIEBEN!

– erkennen: ich werde hier genau so gebraucht, wie ich derzeit bin!

– authentisch sein – ich SELBST sein!

Denn nur so kann ich „Kanal" sein (bin ich offen)!

Nicht mehr richten – sondern aus- und auf-richten !

Das SELBST-Bild sollte aus dem Bild meines WAHREN SELBSTES kommen!

Denn das bin ich wirklich !

Und das ist: Gesund und vollkommen !

Ich bin ein Abbild des Höchsten!

Ich soll mich mit meinem Wahren SELBST identifizieren – und das ist immer POSITIV!

So werde ich, wie ich gemeint bin. –

Mich neu erfinden – mein Ideal-Ich – das ist Vollkommenheit meines wahren Seins.

(Nicht wie andere mich haben wollen oder denken, daß ich sein soll!)

So erkenne ich den Sinn meines Lebens

Ich bin mit einer bestimmten Absicht gekommen. Erfüllung kann ich nur finden, wenn ich meine Lebensaufgabe:

ERKENNE – ANNEHME – ERFÜLLE

Ich erkenne den Sinn meines Lebens, indem ich mich frage:

1. Auf welchen Platz hat mich das Lelben gestellt? – Warum?
2. In welche Zeit bin ich hineingeboren? – Warum?
3. In welchem Land bin ich geboren? – Warum?
4. In welcher Familie bin ich geboren? – Warum?
5. Mit welchen Freunden hat mich das Leben zusammengeführt?
6. In welchen Lebensumständen lebe ich? – Warum?

   Unter welchen Lebensumständen sollte ich leben?

   Was ist zu tun, um sie zu schaffen?
7. In welche Krisen/Schwierigkeiten hat mich das Leben geführt?
8. Wo bekomme ich „Nachhilfeunterricht" vom Schicksal, Lektionen – Krankheit – Leid – Schicksalsschläge?
9. Worin besteht das eigentliche Problem? – Was will das Leben damit bewirken? – Was ist der Sinn?
10. Welche Erkenntnisse habe ich daraus gewonnen?

11. Welche Konsequenzen habe ich daraus gezogen?

    Welche Konsequenzen sollte ich daraus ziehen?

12. Wie kann ich den Augenblick sinnvoll erfüllen? – Zur Bewältigung meiner Vergangenheit. – Zur bestmöglichen Gestaltung der Gegenwart. – Zur Vorbereitung der Zukunft.

13. Was wäre mein Wunschtraum? – Welche Rolle würde ich gern im Leben spielen? – In welcher Situation würde ich mich am wohlsten fühlen?

14. Wie sieht meine „Wunschbiographie" aus?

15. Was ist zu tun, um aus meinem Leben ein Meisterwerk zu machen?

    Was würde ein Meister/Buddha/Jesus jetzt in meiner Situation tun?

16. Was hindert mich eigentlich noch, genau das zu tun? Wann bin ich bereit, das „Not-wendige" zu tun?

Entwickeln kann man sich immer nur auf ein Ziel hin

Beim Problem ist es die Lösung – beim Wunsch ist es die Erfüllung.
Beim Leben ist es der SINN!

Leserservice

Felix Aeschbacher ist Leiter der „Akademie für kreative Persönlichkeitsentfaltung" in Triesen/Lichtenstein.

Die Akademie hat es sich zur Aufgabe gestellt, Wissen und Erkenntnisse im Alltag lebendig werden zu lassen.

Ausführliches Informationsmaterial und Seminarunterlagen können Sie unter der folgenden Adresse anfordern:

Akademie für kreative Persönlichkeitsentfaltung
Dorfstr. 174
FL-9495 Triesen
Tel. 0 75 / 2 88 67

Ich bin auf dem richtigen Weg . . .

... wenn ich immer wieder mein Leben überschaue und prüfe, was zu ändern ist;

... wenn ich immer wieder in die Stille gehe, um mein Gemüt zu klären und meinen Blick für das Wesentliche zu schärfen;

... wenn ich erkenne, daß es nicht wichtig ist, an welchem Platz ich im Leben stehe, sondern nur, wie ich ihn ausfülle;

... wenn ich jedem Menschen gestatte, so zu sein, wie er nun einmal ist, und ihm von vornherein alles vergebe, was immer er auch tun mag;

... wenn ich erkenne, daß niemand mich ärgern, kränken, beleidigen, enttäuschen oder verletzen kann, nur ich selbst, und daß ich es jederzeit auch lassen kann;

... wenn ich in jedem Menschen die Wirklichkeit hinter dem Schein, die inkarnierte Gottheit erkenne und achte;

... wenn ich aus meinem Leben einen Dienst am Nächsten mache und ohne mich einzumischen oder Aufhebens davon zu machen, der Gemeinschaft diene;

... wenn ich mich nicht mehr mit der Rolle identifiziere, die ich hier auf dieser Welt spiele, sondern meinem wahren Selbst die Herrschaft übergebe und mehr und mehr die Vollkommenheit meines wahren Seins in meinem Leben zum Ausdruck bringe;

... wenn ich die Gesetze des Lebens, die die großen Meister überliefert haben, erkenne und beachte und so mein geistiges Erbe antrete;

... wenn ich meinen Körper als den Tempel Gottes rein halte und alles Tun als etwas Heiliges betrachte, so daß mein ganzes Leben zum Gebet wird;

... wenn ich erkenne, daß ich selbst mein Schicksal verursache und daß Gott will, daß ich gesund und glücklich bin;

... wenn ich erkenne, daß wir nicht für unsere Sünden bestraft werden, sondern von unseren Sünden, und daß es weder unverdientes Glück, noch unverdientes Leid gibt, sondern nur Ursache und Wirkung;

... wenn ich in jeder Krankheit den Freund und Partner erkenne, der mir hilft zu verstehen, wo ich die Ordnung gestört habe, und diese Aufforderung dankbar nutze, die Ordnung wieder herzustellen und weitere Krankheiten durch mein erhöhtes Bewußtsein überflüssig mache;

... wenn ich erkenne, daß der Mensch als Mitschöpfer berufen ist und ich Gott bewußt durch mich wirken lasse;

... wenn ich meine Aufmerksamkeit mehr und mehr nach innen richte, auf die ewigen Werte, und danach trachte, sie zu mehren und gleichzeitig alles Äußere loslasse;

... wenn ich auch meine äußeren Angelegenheiten so regle, daß mein Gehen anderen keine zusätzlichen Belastungen schafft;

... wenn ich gleich beim Erwachen diesen Tag Gott weihe;

... wenn ich all das, was ich schon als gut und richtig erkannt habe, auch täglich praktisch lebe, anstatt es nur zu bewundern.

LITERATURVERZEICHNIS

Marcus Allen: Tantra im Westen
Werkstatt-Edition, Dachsberg 1982

John Blofeld: Selbstheilung durch die Kraft der Stille
Scherz Verlag, Bern, München, Wien 1981

Paul Brunton: Der Weg nach Innen
O.W. Barth Verlag, Bern, München, Wien 1985

Felix Riemkasten: Einkehr in die heilende Stille
Herrmann Bauer Verlag, Freiburg im Breisgau 1976

K. O. Schmidt: Kraft durch Schweigen
Verlag Helmut Theodor Frick, Pforzheim 1983

K. O. Schmidt: Neue Lebensschule,
Reichl-Verlag, St. Goar 1989

K. O. Schmidt: Bejahung des Lebens,
Reichl-Verlag, St. Goar 1991

K. O. Schmidt: Schönheit des Alters,
Reichl-Verlag, St. Goar 1991

Margit Seitz: Der Meditations-Führer
Schönberger GmbH & Co Verlags KG, 1985

Florence Scovel Shinn: Das Lebensspiel und seine Regeln
Wissenschaftlicher Verlag August Steu, Lindau

Marc de Smedt: Das Lob der Stille
Verlagsgruppe Bertelsmann GmbH,
München 1987

Vimala Thakar: Die Kraft der Stille
Origo Verlag, Zürich 1974

K. O. Schmidt

Neue Lebensschule

Wie wichtig die Arbeit an der eigenen inneren Entwicklung ist, erfährt praktisch jeder täglich im Beruf, bei der Bewältigung familiärer Probleme, im Umgang mit Menschen usw. Die Kunst, das Leben von innen her zu meistern, ermöglicht eine neue Beziehung zu sich selbst und zur Umwelt.

Die „Neue Lebensschule" ist ein Arbeitsbuch, welches den Leser das ganze Leben lang begleitet. Sie ist in 52 Wochenlektionen gegliedert und führt den Leser Schritt für Schritt in die Kunst der Lebensbemeisterung ein. Viele praktische Übungen, die sämtliche Bereiche des Daseins umfassen, und die Anwendung der Lebensgesetze helfen, die schöpferischen Kräfte der Seele zu aktivieren. Der Leser entdeckt so eine Vielzahl bisher unbekannter Fähigkeiten und Talente in den Tiefen seines Wesens. Er lernt, seiner inneren Führung zu folgen und seinen eigenen individuellen Weg zu finden. So lebt er schließlich im Einklang mit sich selbst, seinen Mitmenschen und den ewigen Gesetzen ...

Pressestimmen:

„*Eine Lebensschule, die weiterführt*, weil sie dem einzelnen hilft, sich selbst zu helfen, ist die ‚NEUE LEBENSSCHULE'. Ihr Verfasser gehört zu den wenigen ernsthaften Könnern auf dem Gebiet der Lebens- und Erfolgspsychologie, so daß gerade der suchende Mensch vertrauensvoll seiner Führung und seinen Ratschlägen folgen kann. Er zeigt praktische Wege, durch richtige Entfaltung und Nutzung schlummernder Innenkräfte jeden Tag zu einem Tag des Erfolges zu machen. *Ein Lehrgang, der eine ganze Bibliothek ersetzt.*" Phoenix-Rundschau

„Ausgehend von der Tatsache, daß *alles in uns ist* und nur eine planmäßige Selbsterziehung vonnöten ist, gibt dieses Lebensbuch eine dynamische Schulung für das tägliche Leben. Es will über die Kluft zwischen Ideal, Wunsch und Wirklichkeit eine stabile Brücke bauen und den Weg aufzeigen, *das Leben zu idealisieren und die Ideale zu verlebendigen.*" Berliner Morgenpost

K. O. Schmidt

Schönheit des Alters

Die zweite Leistungswelle

Die Zeit ab dem 50. Lebensjahr kann bei richtiger Einstellung und Aktivierung, besonders der geistigen Fähigkeiten, Ausgangspunkt jahrzehntelanger Rüstigkeit und fruchtbaren schöpferischen Wirkens sein.

K. O. Schmidt zeigt, daß nicht nur Künstler und Wissenschaftler in dieser Zeit ihre besten Kräfte entfaltet haben. Jeder Mensch, der sich nicht selbst aufgibt, sondern in seiner Lebenshaltung positiv bleibt, kann durch Erfahrung, Weisheit und Klugheit schöpferisch auf seine Umgebung einwirken. Gerade die Zeit des Alters macht den Menschen für Erkenntnisse und Einsichten wach und aufnahmefähig, die der Jugend noch verschlossen sind.

Das Buch lenkt den Blick auf die Zeitlosigkeit des inneren Wesens. So wird es möglich, die Freuden und Vorteile, die gerade dieser Abschnitt des Lebens bietet, zu erkennen und auszuschöpfen.

Aus dem Inhalt:

Die Wissenschaft vom Altwerden – Der bleibende Schatz – Vorzüge des Alters – Veräußerlichung oder Verinnerlichung – Blütezeit des Geistes – Das innere Bild – Was der Yoga lehrt – Die Lebenslinie – Weisheit des Lebens – Die zweite Leistungswelle – Alter als Aufgabe – Erfüllung und Bestimmung – Das Ewige hinter dem Wechsel.

275 Seiten, kart. DM 16,80

ISBN 3-87667-169-8

REICHL VERLAG · DER LEUCHTER

K. O. Schmidt

Bejahung des Lebens

Leben im Licht

Wie kann man bisher ungenutzte Kräfte zu seinen Verbündeten im Leben machen?

Um unsere Wünsche zu verwirklichen und Erfolg zu haben, müssen wir die Kraft positiven bejahenden Denkens konsequent in unseren Dienst stellen. Jeder Gedanke hat die Tendenz, sich früher oder später zu realisieren und Gleiches anzuziehen.

Wenn wir nur das denken, was wir verwirklicht haben möchten, bringen wir die Gedanken anderer Menschen zum Mitschwingen. Sie unterstützen uns jetzt, bewußt oder unbewußt, bei dem Erreichen unserer Ziele. Aber auch unsere eigenen Gedankenkräfte wachsen beim bewußten Bejahen um so mehr, je gefühlsbetonter, je plastischer wir denken – so, als würden sie aus einer kosmischen Kraftbatterie gespeist.

Aber es gibt Voraussetzungen, um die Kraft der positiven Bejahung effektiv zu nutzen: K. O. Schmidt hat 111 Gedankenanregungen und Übungen zusammengestellt, die die Konzentration stärken, die Verbindung zu den Kräften des Unterbewußtseins wiederherstellen und insgesamt den Weg zur Erfüllung und Glück bereiten.

Aus dem Inhalt:

Zur Wesensmitte finden – Die Wirklichkeit erkennen – Inneres Wachstum fördern – Positiven Magnetismus enfalten – Gute Beziehungen schaffen – Das Gesetz der Resonanz – Produktive Stimmungen – Die schöpferischen Kräfte wecken – Aus der Fülle schöpfen – In den Glücksstrom einschalten – Wunsch in Wirklichkeit wandeln – Ideale verwirklichen.

220 Seiten, kart. DM 16,80

ISBN 3-87667-175-2

REICHL VERLAG · DER LEUCHTER